ÉPOCA 1 | AÑO 1

00

JULIO
DICIEMBRE
2020

ISSN 2693-082X

Nueva York Poetry REVIEW

Fundada por Marisa Russo y Francisco Trejo es una extensión de Nueva York Poetry Press, casa editorial especializada en poesía y en traducción, con la que comparte el objetivo de difundir en Estados Unidos las voces esenciales de la lírica en lengua española. De este modo, *Nueva York Poetry Review*, tanto en su soporte electrónico, como en el impreso, no solo se ha propuesto funcionar como un medio de divulgación, sino también como un espacio para reflexionar sobre el ejercicio de la composición poética.

| DIRECTOR
Francisco Trejo

| JEFA EDITORIAL
Marisa Russo

| SECRETARIO
Javier Alvarado

| CUIDADO EDITORIAL
David Anuar

| COMITÉ DE SELECCIÓN
Alí Calderón
Iván Cruz Osorio
Diana del Ángel
Odeth Osorio Orduña

| DISEÑO
Alexandra Canto

Sitio web
www.nuevayorkpoetryreview.com

Facebook
@NuevaYorkPoetryReview

Twitter
@nypoetryreview

Instagram
@nuevayork_poetry_review

D. R. @ Nueva York Poetry Review
128 Madison Avenue, Oficina 2RN
New York, NY 10016, USA
Teléfono: +1(929)354-7778
nuevayorkpoetryreview@gmail.com

ISSN 2693-082X
ISBN 978-1-950474-79-0

Las opiniones expresadas en este soporte son de responsabilidad exclusiva de sus autores y no necesariamente representan la opinión de *Nueva York Poetry Review*.

EDITORIAL

6 | **GENERACIONES, GUIJARROS Y POESÍA**
Francisco Trejo

ENSAYO

10 | **CONSTELACIÓN OCHENTA**
Alí Calderón

16 | **NOTA INTRODUCTORIA**
Diana del Ángel

20 | **CRUCE DE CAMINOS**
Iván Cruz Osorio

POESÍA

26 | Paula Abramo

31 | Daniel Bencomo

34 | Daniela Camacho

38 | Ibán de León

42 | Mikeas Sánchez

47 | Eva Castañeda

52 | Julieta Gamboa

57 | Enriqueta Lunez

62 | Rubén Márquez Máximo

66 | René Morales

69 | Saúl Ordoñez

74 | Carlos Ramírez Vuelvas

78 | Wildernain Villegas Carrillo

86 | Claudina Domingo

92 | Oscar David López

96 | Mario Panyagua

100 | Manuel Parra Aguilar

103 | Xitlalitl Rodríguez Mendoza

108 | Horacio Warpola

111 | Audomaro Hidalgo

115 | Beatriz Pérez Pereda

118 | Martín Tonalmeyotl

123 | Verónica G. Arredondo

129 | Edgardo Mantra

137 | Miguel Ángel Ortiz

141 | Leonarda Rivera

145 | Roberto Amézquita

149 | Diana Garza Islas

153 | Karen Villeda

157 | Elisa Díaz Castelo

161 | Hubert Matiúwàa

166 | Marco Antonio Murillo

170 | Rubí Tsanda Huerta

175 | Luis Flores Romero

179 | Esther M. García

183 | Zel Cabrera

186 | César Cañedo

189 | Tania Carrera

192 | Valeria Guzmán Pérez

195 | Aleida Belem Salazar

200 | Yolanda Segura

203 | Ángel Vargas

DOSSIER

210 | **EN MEMORIA DE SERGIO LOO**
Odeth Osorio Orduña

218 | Sergio Loo

GENERACIONES, GUIJARROS Y POESÍA

El concepto de generación literaria, atribuido al filósofo alemán Wilhelm Dilthey, ha sido muy cuestionado en las últimas décadas; tanto que, al tratar de entender la conformación de diferentes grupos de escritores, se ha optado por evadirlo.

Para el poeta Dámaso Alonso, por ejemplo, "la generación existe, y tiene intereses para la historia de la cultura; pero para la historia de la literatura no existe más que el poeta individual –mejor dicho, la criatura, el poema–. Por tanto, el valor de una generación no es una cantidad conjunta, indivisible, sino la mera acumulación de valores individuales". Esta reflexión de Alonso coincide con la de Antonio Gamoneda; pues al preguntársele qué vínculo tiene con la llamada "Generación del 50", respondió que ninguna, que "resulta muy fácil hablar de una generación y atribuir la misma poética a una cantidad de poetas. Si la poesía es radicalmente individual, si hasta está oculta para el propio poeta".

No obstante, a lo largo del tiempo, la crítica ha utilizado recursos de los llamados "métodos generacionales" para realizar muestras de poesía, como la que se presenta en el número 00 de *Nueva York Poetry Review*. Uno de estos recursos, propuesto por Julius Petersen, es la "fecha de nacimiento" de los autores. Sin pretender ningún tipo de homogeneidad, he partido de las premisas "territorio" y "década de nacimiento", que comparten los 43 poetas que se reúnen aquí, para proponer un panorama específico a nuestros lectores: la poesía de las poetas y los poetas mexicanos nacidos en los 80.

Para este propósito, convoqué a Alí Calderón, Iván Cruz Osorio y Diana del Ángel, también poetas nacidos en la misma década, quienes no solo han sobresalido por su poesía, sino, de igual modo, por su rigor crítico en campos específicos, como el académico y el editorial. Cabe mencionar que la primera muestra de esta índole, publicada en 2006 en la mítica *Alforja, Revista de Poesía* dirigida, en ese entonces, por José Vicente Anaya, la realizaron Calderón y Cruz Osorio, bajo el título de *En el vértigo de los aires. Muestra de poetas nacidos en la década de 1980*. Recordar la experiencia de estos dos autores, hizo que los contemplara para este nuevo proyecto, junto con Diana del Ángel.

¿Por qué coordinar una reunión de poetas nacidos en la década de los 80? Desde la dirección de esta joven revista, me propuse prestar especial atención a las promociones recientes de poetas, porque considero que más de una de sus obras tienen ya un valor inconmensurable en nuestra cultura. Es el caso de varios de los 43 reunidos en el presente soporte. Lugar especial, en este universo, es el de Sergio Loo, porque si bien se pensó en poetas vivos para esta meta editorial, no se pudo soslayar la inclusión de este autor que alcanzó a legarnos algunas obras valiosas, antes de morir en 2014. Para el dosier dedicado a su memoria, la poeta Odeth Osorio Orduña, también nacida en los 80, se encargó de realizar un texto crítico y una selección de sus libros.

Este ejercicio de reunión de diversos textos, sea, en esta ocasión, una forma de celebrar la poesía mexicana del presente, los nombres de sus autores y su digna representación en otras latitudes.

En representación de todos los que conformamos *Nueva York Poetry Review*, me resta agradecer a Alí Calderón, Iván Cruz Osorio,

Diana del Ángel y Odeth Osorio Orduña, por su disposición para realizar la difícil tarea de seleccionar solo algunos guijarros de todos los que hacen sonar las aguas de la poesía.

Francisco Trejo
Ciudad de México, octubre de 2020.

ALÍ
CALDERÓN

Ciudad de México, 1982

Poeta y crítico literario. Es Doctor en Letras Mexicanas por la UNAM y miembro del Sistema Nacional de Investigadores. Ganador del Premio Latinoamericano de Poesía Benemérito de América 2017 y del Premio Nacional de Poesía Ramón López Velarde 2004. Fue becario de la Fundación para las Letras Mexicanas y del Fonca. En 2014 recibió en China y en Estados Unidos el *Poetry East-West Award* por su trabajo como editor de la revista *Círculo de Poesía*, de la que es fundador, al igual que del sello editorial con el mismo nombre. Autor de los libros de poemas *Imago prima* (Universidad Autónoma de Zacatecas, 2005), *Ser en el mundo* (UABJO, 2008; Ediciones de Media Noche, 2011), *De naufragios y rescates* (FIP Granada, 2011), *En agua rápida* (Valparaíso Ediciones, 2013), *Perseguir la sombra* (el suri porfiado, 2015) y *Las correspondencias* (Visor, 2015).

CONSTELACIÓN OCHENTA
Alí Calderón

Toda categoría crítica es un corte imaginario del *continuum*. Ese corte resulta útil en tanto productor de sentido porque pone de manifiesto tales o cuales matices del fenómeno observado. Si, como pensó Reinhart Koselleck, los conceptos poseen una profundidad histórica que los dota de sentido y al propio tiempo responden a la actualidad que pretenden describir, vale la pena preguntarnos por la vigencia de un término empleado de manera común en la literatura: "generación". Hemos heredado de manera acrítica esta categoría y muchas veces la reproducimos sin considerar qué tan operativa puede resultar para dar cuenta, en este caso, de la poesía mexicana contemporánea.

En México, durante las últimas décadas, se han publicado antologías que recuperan el concepto. Por ejemplo, en 1981 apareció *Poetas de una generación 1940-1949* de Jorge González de León; en 1988, *Poetas de una generación 1950-1959* de Evodio Escalante; y en 2004, *Eco de voces (Generación poética de los sesentas)* de Juan Carlos H. Vera. De modo paralelo, se publicaron muestras, ensayos, reseñas, tesis que reprodujeron la idea de que una generación en México, a diferencia de lo que sucede en el resto de América Latina, refiere no la década en la que los autores comienzan a publicar sino en la que nacen.

El concepto de generación, cuyo significado, como hemos visto, es inestable, también suscita reflexiones interesantes. Roberto Fernández Retamar, por poner un caso, en una entrevista con Víctor Rodríguez

Núñez decía "que uno pertenece a una generación, quiéralo o no, y eso no tiene mucha relevancia y puede convertirse en una limitación. Subrayar en exceso la pertenencia a una generación, sobre todo si esta goza de prestigio, puede ser un síntoma de mediocridad. Los poetas que nos interesan son los que trascendieron su generación, las escuelas, los movimientos, las tendencias". ¿Para qué utilizar entonces esta categoría?

Dado que todo concepto puede agotarse, pienso que "generación" (y sus significados individuales vinculados a parámetros temporales) funciona como puente hacia otra categoría crítica acaso más rica y con mayor potencial analítico: la constelación. Lo que aquí proponemos al reunir cuarenta y tres autores nacidos entre 1980 y 1989 es la constelación de una zona de la poesía mexicana. Empleada en el marco de la historia intelectual, la constelación es una suerte de metáfora astronómica en la que, desde un sitio de observación / enunciación muy particular, se problematiza la interrelación espacial que mantiene un grupo de autores entre sí, incluidos, en este caso, quienes fungen como antologadores y editor. De lo anterior, se desprenden dos preguntas fundamentales. ¿Por qué incluir a estos autores y no a otros? ¿Qué tipo de relaciones son susceptibles de análisis en esta constelación?

La constelación tiene un carácter contigente. Depende de los observadores. De su modo de leer y de valorar, de su intencionalidad estética, de sus filias y fobias, de sus posiciones en el campo de producción cultural, de su género, su preferencia sexual, la clase social a la que se pertenece, en fin, depende de todos esos rasgos que integran su *identidad lírica*. Desde ahí está construido este corpus que, por supuesto, es insuficiente para dar cuenta de todos los poetas nacidos en México durante los años ochenta. Se parte de ahí para iniciar una selección. Se parte también de la conciencia de que vivimos una época en la que la "literariedad" o "calidad literaria" han dado paso a lo que Ihab Hassan llama *indetermanency*: un modo de habitar ese espacio de experiencia que identificamos con la tradición literaria y en el que "nunca estamos realmente sin valores o criterios de valoración, pero tampoco estamos realmente seguros de que estos tengan alguna relevancia". Un ejercicio como el que aquí se propone, ante todo, plantea cuestionamientos y preocupaciones respecto a la manera en que se lee poesía en México ahora mismo.

Una constelación trata de dar cuerpo a lo que está implícito: poéticas, ideas estéticas, redes, modos de circulación de poemas y personas. Nos permite conjeturar en torno al modo en que se ataca o se reproduce la ideología, la observación de estilos dominantes o subversivos. A través del análisis de la constelación se intuye el comportamiento de los agentes al interior del campo literario, el modo de conseguir capital social y revela los medios para ir logrando la legitimidad de un proyecto creador. Basta con poner un poco de atención.

Todo poeta, como lo ha explicado Charles Altieri, está sujeto a determinadas presiones que inciden en su modo de escribir poemas. Las presiones pueden ser estilísticas (dada la continuidad de una tradición literaria y sus referentes) o temáticas (por la necesidad de dar respuesta a determinadas coyunturas políticas e inercias sociohistóricas) o ideológicas (porque difícilmente pueden los poetas escapar al *habitus* que estructura sus acciones) o aún pedagógicas (modelos de lectura que determinan la práctica escritural). Es justamente el ejercicio de contrapresión, la manera en la que un autor responde a estas condicionantes, lo que permite la distinción. El conjunto de presiones, por otra parte, constituye lo que se conoce como "estilo de época". Hay lugares comunes de la crítica que pueden ser consideradas presiones: la poesía mexicana es solemne y le falta calle; la poesía mexicana vive bajo la sombra de Octavio Paz. La creciente violencia y la pauperización de la sociedad son temas que se imponen a los autores. Sucede lo mismo con el feminismo, la diversidad sexual y, en el terreno del *habitus*, el terror a vivir fuera del "hacer comunidad". En ese sentido, la emergencia de las redes contribuyó a diluir el mito de los *happy few*. Esta presión, por supuesto, deriva de otra de mayor calado: el secuestro, por parte de una élite, de las instituciones que reparten el capital simbólico. Estas, y muchas otras presiones, delinean el terreno en el que los poetas intentarán distinguirse.

En estas páginas encontramos distintas exploraciones. Hay poemas animados por su voluntad de forma y que perfectamente encajan en esa categoría que ha inventado la crítica norteamericana: *the well crafted poem*. Es el caso de los textos de Julieta Gamboa (1981), Audomaro Hidalgo (1983), Elisa Díaz Castelo (1986) o Valeria Guzmán Pérez (1989). Hay también la intención de quebrantar el discurso de *look* natural y hacer algo distinto con el lenguaje (parataxis o *language poetry*). En este polo leemos a Daniel Bencomo (1980), Karen Villeda (1984) o a Diana Garza (1985) y, también, de algún modo, nos enfrentamos a las búsquedas melódicas de Luis Flores Romero (1987). Hay poetas que se distinguen por su escenografía de enunciación. Mikeas Sánchez (1980), Paula Abramo (1980), Carlos Ramírez Vuelvas (1981) y Claudina Domingo (1982) escriben retratos o ejercicios de alter-autobiografía mientras Daniela Camacho (1980), René Morales (1981), Xitlalitl Rodríguez (1982) o Verónica G. Arredondo (1984) echan mano del monólogo dramático. Hay autores, por supuesto, que eligen una suerte de transparencia, una fusión del sujeto de la enunciación y el sujeto del enunciado. Este es el talante de algunos poemas de Leonarda Rivera

(1985) o de Zel Cabrera (1988). Distintas temperaturas líricas cruzan estas páginas. Está el tono fervoroso de Ibán de León (1980), Rubén Márquez Máximo (1981) o Beatriz Pérez Pereda (1983) y también la *indignatio* o estupor, distintas expresiones frente a la violencia, en los poemas de Martín Tonalméyotl (1983), Roberto Amézquita (1985), Hubert Matiúwàa (1986), Yolanda Segura (1989) o Aleida Belem Salazar (1989). Una constelación no es definitiva. Cambia constantemente.

Esta constelación ochenta es apenas una instantánea, un modo de mirar el presente poético y el pasado inmediato, acaso también una apuesta de futuro. Sirvan estas páginas para recordar, además, que no hay *una* sino muchas poesías mexicanas y que, solo con su puesta en contacto, podremos construir una visión de conjunto.

DIANA
DEL ÁNGEL

Foto | Octavio Cortés

Ciudad de México, 1982

Poeta, ensayista y defensora de derechos humanos. Doctora en Letras. Ha publicado *Vasija* (2013), *Procesos de la noche* (2017), *Barranca* (2018) y artículos en diversas revistas y medios digitales. Miembro del Seminario de Investigación en Poesía Mexicana Contemporánea. Ha sido becaria de la Fundación para las Letras Mexicanas y del Fonca, en su programa de residencias artísticas. Obtuvo la primera residencia de creación literaria Fondo Ventura/ Almadía. Desde 2002 hasta 2017, formó parte del taller "Poesía y silencio". Colaboradora de la Enciclopedia de la Literatura en México. Algunas de sus traducciones del náhuatl al español han sido publicadas por la revista *Fundación*. Las antologías *9 poetas que le temen a los payasos* (2016), *Encuentro Nacional de Poetas Jóvenes. Ciudad de Morelia* (2016, 2018) y *Fuego de dos fraguas* (2016) recogen parte de su trabajo. Fue seleccionada para formar parte del IPW Iowa (International Program Writing), a realizarse en 2021.

NOTA INTRODUCTORIA
Diana del Ángel

Originalmente esta nota introductoria daría algunos apuntes sobre lo que he llamado en otros trabajos: "sujetos emergentes en la poesía mexicana contemporánea".[1] Entre los que distingo tres grandes grupos, a saber, la del sujeto femenino, la de los sujetos conformados por quienes escriben en alguna de las 68 lenguas originarias de México y la de los sujetos *cuir*. Sin embargo, otra emergencia, no del todo literaria, me inclina a reflexionar sobre el papel de la escritura como creadora de comunidad, la sustentabilidad de la industria editorial y el cuidado como elemento central en la creación de redes entre escritoras. Estos y otros aspectos se conjugaron en mi experiencia durante la realización de la presente muestra, de ahí que no sean ajenos a la presente publicación.

A principios de mayo del 2020, Iván Cruz Osorio me invitó a colaborar en el proyecto de esta muestra de poesía. Acepté donar mi trabajo, en parte por la amistad que me une al editor y poeta, y en parte porque considero importante apoyar proyectos independientes como *New York Poetry Review*, que no cuenta con apoyos institucionales. Aunado a ello, consideré que sería una buena oportunidad para construir un espacio seguro para la difusión de poetas a las que respeto y cuyo trabajo merece ser conocido dentro y fuera del país. Mis criterios de selección, en

---

[1] Me refiero al trabajo que he realizado dentro del Seminario de Investigación en Poesía Mexicana contemporánea, titulado "Sujetos emergentes en la poesía mexicana contemporánea: el caso femenino", de próxima publicación.

general compartidos por el resto del comité, fueron guiados por la calidad de la obra poética y la trayectoria de las autoras, por ello la selección, si bien mínima en comparación con la cantidad de autoras actuales, da una muestra representativa de lo que las poetas están escribiendo en México.

Escritura es comunidad y ello implica cuidado. Una acción que desde hace algunos años venimos pensando y construyendo entre todas. Cuidado del lenguaje y cuidado de los espacios donde emitimos nuestra palabra. La escritura no es sólo leer y escribir: está condicionada por factores sociales, culturales y de género. Escribir desde un cuerpo de mujer, seleccionar escritoras para una antología desde un cuerpo de mujer, hoy en día, implica límites y riesgos distintos que si lo hiciera desde un cuerpo masculino. Esto cobra relevancia en espacios no separatistas —a los que, a pesar de la experiencia, sigo apostando por mera fe en la humanidad—. Si bien los criterios empleados fueron estéticos, también consideré inapelable atender a criterios éticos, dado el contexto de violencia actual en contra de las mujeres, tema abordado por algunas de las autoras seleccionadas y, no creo equivocarme, repudiado por todas. Mi decisión, compartida por otro de los compiladores, fue que los poetas seleccionados no hubieran sido objeto de señalamientos en el pasado #metoo, mucho menos en instancias civiles o penales. Desde luego ese filtro puede ser cuestionable, pues seguramente existen violencias no publicadas en esos medios. Sin embargo, #yolescreoaellas y creo en los espacios de habla y escucha que hemos construido para sortear la impunidad y el silencio.

La construcción de espacios seguros será una tarea larga, delicada y compleja, porque no depende de una sola persona, sino que es un ejercicio que se construye en conjunto. Llegado el momento, habrá quienes, como Iván Cruz Osorio, opten por romper lo que Rita Laura Segato nombró "cofradía masculina", también conocido como pacto patriarcal. Habrá quienes no. Afortunadamente, la obra de las poetas seleccionadas está por encima de esas contrariedades, lo más valioso de esta muestra es la obra seleccionada que, insisto, merece ser leída en México y otros lugares. De igual modo requerimos espacios más seguros y sustentables para nuestra labor como escritoras, editoras, correctoras de estilo, traductoras y creadoras en general. Esta breve nota crítica —que parte de la crisis y se desdobla hacia el cuestionamiento— es parte del trabajo que realizo en pro de ello.

IVÁN
CRUZ
OSORIO

Oaxaca, 1980

Poeta, editor, traductor, crítico literario y gestor cultural. Finalizó la Licenciatura en Lengua y Literaturas Modernas Inglesas en la Facultad de Filosofía y Letras de la UNAM, con especialidad en traducción español-inglés-español. Es codirector y editor de Malpaís Ediciones. Fundó y co-organizó Vértigo de los aires. Encuentro Iberoamericano de Poetas en la Ciudad de México (2007-2011). Autor de los poemarios *Tiempo de Guernica* (Editorial Praxis, 2005), *Contracanto* (Malpaís Ediciones, 2010) y *Dogma* (Malpaís Ediciones, 2020). Poemas suyos aparecen en diversas antologías nacionales e internacionales. Fue becario del programa Jóvenes Creadores del Fonca (2009-2010).

CRUCE DE CAMINOS
Iván Cruz Osorio

Ahora que los veteranos nacidos en los años ochenta comienzan a conocer ese puerto irredento de los cuarenta años, el ejercicio de reunir en un volumen a algunas de sus voces poéticas comienza a ser necesario, no por la falaz idea de hacer una antología por los compadrazgos o porque se puede, sino porque hay un cruce de caminos notable que atraviesa a estas y estos poetas, un cruce inédito que tiende un abanico de posturas, estéticas, políticas, de lenguas originarias que es inédito en el transcurso de autores nacidos en una misma década en el siglo XX. Los autores nacidos a finales de los años 70 marcaban ya esta apertura a distintas rutas, es el caso de voces como las de Jesús Bartolo Bello, Dolores Dorantes, Jair Cortés, Luis Jorge Boone, Sara Uribe, Hernán Bravo, Omar Pimienta y la poeta en lengua diidxazá (zapoteco) Irma Pineda.

He sostenido que la clasificación de autores por década es arbitraria, ya que usualmente los autores del inicio de una década se asemejan más en referentes y contextos a los que nacieron a finales de la década anterior que a los que nacen a finales de su propia década de nacimiento. De tal forma he pensado en una clasificación que dé un corte más auténtico al contexto en que se desarrollan, se pueden catalogar en dos grupos, los nacidos de 1980 a 1984 y de 1985 a 1989. El primer grupo publicó a principios de la década de los 2000 y el segundo a finales de ésta y a partir de los años 10 del nuevo milenio. El primer grupo sufrió en su infancia la crisis económica del gobierno presidencial de José López

Portillo y que se extendió durante toda la década de los años 80 ante la fallida "Renovación Moral" emprendida por Miguel de la Madrid, durante el siguiente sexenio. Los problemas económicos y sociales se acrecentaron con el terremoto del 19 de septiembre de 1985 y el fraude electoral de 1988, que dio como presidente al tecnócrata Carlos Salinas de Gortari. Algunos años después la crisis económica sería resentida por esta generación en el llamado error de diciembre de 1994, que sumió al país en deudas bancarias por créditos y una devaluación demoledora. Igualmente fueron testigos del surgimiento de un respiro de esperanza, tras la caída de la Unión Soviética y los países socialistas, con la aparición de la primera guerrilla del siglo XXI: el Ejercito Zapatista de Liberación Nacional; y la primera gran huelga de esta época la "Huelga por la imposición de cuotas" (1999-2000). También fueron televidentes de las matanzas de Acteal y Aguas Blancas. Y, al mismo tiempo, el surgimiento visible y cruento de los carteles del narcotráfico, así como el fenómeno terrorífico de los feminicidios con las asesinadas de Ciudad Juárez. Todo este contexto atravesó el crecimiento de los autores nacidos entre 1980 y 1984. Los nacidos entre 1985 y 1989, les tocó percibir esto en la infancia pero lo asimilaron como su historia inmediata y el callejón de la historia dio paso a una visión de la poesía menos autocomplaciente o que se mirara el ombligo, lo que desencadenó una poesía que empezó a mirar al exterior, a ver lo que sucedía en las comunidades originarias y que en éstas comenzaran a surgir sus poetas jóvenes.

En este sentido, creo en la postura crítica y autocrítica que van desarrollando estos autores. Me parece esencial dar una mirada autocrítica a la generación que comienza a publicar al despertar el nuevo milenio, una generación que se desarrolla en la dictadura del meritazgo que implican las becas y la explosión demográfica de los premios de poesía, que en la mayoría de los casos maquillan la inoperancia estatal para crear una infraestructura cultural más allá del relumbrón que implica dar un estímulo que resulta irrelevante incluso al público atento al arte. Así, hay que apuntar que los autores nacidos en los años 80 crecen con aparentes "facilidades", en realidad, disfrazadas de exigencias, las exigencias de ganarse las suficientes medallas (becas y premios) para acceder a la institución por antonomasia de la beneficencia artística en México: el Sistema Nacional de Creadores de Arte.

El autor nacido en los años 80 vive entre las espinosas manos de un sistema que le exige y que quiere resultados de 60 cuartillas mínimo. ¿Esto afectará su creación? En muchos casos sí, pero también hay autores que han creado movimientos paralelos que se deslindan de los sueños cautivos de la protección del Estado. Así hemos leído y visto núcleos en que se promueve la cooperación mutua como sellos literarios y autores que surgen desde la periferia para dar ejemplo de auto-organización, autogestión. No quiero dejar de señalar los esfuerzos de Mantra Edixiones (Tláhuac), Ojo de Golondrina (Xochimilco), Dubius Ediciones (Pachuca, Hidalgo), que desde comunidades empobrecidas, sin acceso a la poesía o al arte han creado estos núcleos de difusión poética que se han expandido a la elaboración de festivales literarios, donde antes no existían, para así crear una "movida" poética.

Habrá que comentar que la temática política y social regresó de lleno con los ochenteros, lo que las generaciones de los nacidos en las décadas de los años 50, 60 y una parte de los 70, salvo excepciones, no realizaron. Esto se potencializó con la presente ola feminista que sacude nuestro país y el mundo, lo que ha alentado una copiosa aparición de voces femeninas de gran calidad. En este tenor, la aparición de voces poéticas en lenguas originarias que han sido fuertemente críticas y autocríticas con gobernantes, sociedad, y con su pasado, ha sido muy enriquecedor, mencionamos la poesía de Hubert Matiúwàa (cultura mè'phàà), junto a autoras como Mikeas Sánchez (lengua zoque). Es decir, la poesía política y social que escriben estos autores responde a la profunda barbarie desatada entre crimen organizado, gobierno, e incluso el ciudadano común como protagonista de asesinatos seriales, violaciones y feminicidios. Una poesía que apuesta al testimonio y a la denuncia franca y concreta de estos tiempos de odio.

La riqueza de posturas estéticas, de posturas políticas, de lenguas, que presentan los autores ochenteros se distingue de inmediato de sus predecesoras. Mientras los autores de los años 70 se debatían en las premisas de las neo-vanguardias sudamericanas, algunos de los autores que se presentan aquí remueven las aguas de distintas corrientes, épocas, lenguas, y ven los cánones con suspicacia. Eso de entrada nos deja ver un panorama amplio y diferencias estéticas muy marcadas. Dejando atrás unidades de grupo o de posturas estéticas que en otras épocas eran muy marcadas.

Por último, cabe señalar que si bien seguí los parámetros de selección acordados con Diana del Ángel y Alí Calderón, mi postura para la compilación de los y las autoras se ciñó a la calidad expuesta en sus poemas, dejando atrás famas o medallas del sistema de validación gubernamental o del sector privado. Creo profundamente que esta muestra dará una mirada distinta o más fiel de lo que famas o medallas o decisiones editoriales del Estado han propuesto. Creo también en las antologías que provocan la búsqueda de lo que no aparece, apelo al lector que busca más allá del mensaje dado, de esos curiosos que podrán hacer otra selección y armar su propia antología de querencias poéticas. Porque las antologías son coordenadas, no la última palabra, toda muestra de poesía es un producto con fecha de caducidad. Aquí una propuesta de lectura de poetas nacidos en los años 80, de tres miradas que tienen visiones distintas de la poesía hecha en México y que ahora convergen en este volumen.

P O
 E S 80
 Í A

PAULA
ABRAMO

Ciudad de México, 1980   Foto | Valentina Siniego

Estudió Letras Clásicas en la UNAM. Es autora del poemario *Fiat Lux* (FETA, 2012), con el que obtuvo el Premio de Poesía Joaquín Xirau Icaza, otorgado por el Colegio de México. Ha traducido del portugués al español obras de autores como Raul Pompeia, Manuel Antônio de Almeida, Luiz Ruffato, Veronica Stigger, Sophia de Mello Breyner Andresen, Clarice Lispector, Gonçalo Tavares, Angélica Freitas, Ana Martins Marques, Ana Pessoa y Ana Luísa Amaral. Ha sido traductora residente en la Casa de Traductores de Looren (Suiza) y en el Banff International Literary Translation Centre (Canadá). Obtuvo el Premio Bellas Artes de Traducción Literaria Margarita Michelena en 2019. Es miembro del Sistema Nacional de Creadores de Arte.

ANGELINA

> *prende un cerillo*
> *no me gusta esta falta esencial del pobre modo*
> *préndelo*
>   *como si uno a sí mismo nunca se imperara*
> *como si para imperarse fuera necesaria*
> *rutinaria y filosa la escisión*
> *préndelo*
> *lo prendo y qué hago luego*

— Prende la estufa.
— Sí, señora.
Angelina es breve y requemada.
Las marcas de sol. No son de sol.
Sí son.
Son preludios del cáncer. Son herencia.
Sobre la hornilla, el aceite bulle en iras.
Esta cocina casi pasillo, casi tránsito a otro mundo mucho menos azul y más de orquídeas, de pereza, de flores más lentas que la tarde, humedades profundas, corruptoras, colibríes, *cruás* allá en lo alto, a contraluz.
Angelina va friendo camarones.
Guarda uno, come tres;
guarda uno, come tres.
Guarda uno.
           Come
tres.
Angelina tiene el hambre de su abuela;
más allá:

tiene el hambre de la abuela
de su abuela.
Y un historial de retirarse y retirarse bajo el crepitar de décadas
 de sol,
sobre el fulgor insano de una tierra
más quebrada
que sus pechos.
No es la lengua, es el Nordeste el que le lame los dedos a Angelina:
la seca esparce sal sobre su presa.
Y son tan buenos estos camarones.
Los subterráneos del hambre lloran –sí, pero no siempre– caldo de sopa.
Lloran también esta charola
tan abundante y gris de camarones.
Lloran la madurada tersura de los libros.
Y lloran las rosas –cómo no– las rosas.
Y llorarán siempre hasta que el fuego.

ANGELINA

    — prende un cerillo
    — sí señora

Angelina es breve y es ficticia
(las marcas de sol sí son de sol)
y vino aquí a hacer el favor de su presencia
porque existe el hambre, ese fantoche de mal gusto,
y existe la cocina, existe la orden
de encender un fósforo
y hay una riqueza enorme y mal distribuida
de crustáceos en el mundo, y de libros y de tiempo
para leerlos.
Angelina va friendo camarones:
      guarda uno y come tres,
      porque la llama
      –los efectos de la llama–
      del cerillo
los hace suyos,
trabajan
para ella,
y en la frontera minúscula que media
entre la orden y el hecho de cumplirla,
caben los ciclos, las repeticiones,
las guerras, el juego de espejos
venecianos, donde gestas
y gestas
y exilios
y barrotes

sólo tienen sentido si trastornan
el fin de ese cerillo:
si segundos antes de encenderlo
se opta por el acato o el desacato
y la *lux* que *fit*,
aunque pequeña,
no es ya la luz de un fósforo.

DANIEL
BENCOMO
San Luis Potosí, 1980

Su libro de poesía más reciente es *La mutación de Lo en Lo* (2018) al que preceden *Espuma de Bulldog* (2016), *Alces, Rejkyavik* (2014) y *Lugar de Residencia* (2010), con el cual obtuvo el Premio Nacional de Poesía Joven Elías Nandino en 2010. Como traductor de poesía alemana ha publicado *Últimas noticias de la zona aleatoria* de Ron Winkler (2018), *La calma entre el cero y el uno* de Björn Kuhligk (2015) y *Canon previo a la huida* de Tom Schulz (2015), además de poemas de Hugo Ball, Ingeborg Bachmann, Friederike Mayröcker, entre otros. Fue becario del programa Jóvenes Creadores del Fonca (2011 y 2013). Vive en Alemania.

Quisieras encerrarte pero todo es una trampa. También un sistema, flor carnívora, brea de intensidades. La dicción es el anzuelo de la trampa. El eco lo borraron ya en primero de primaria: no sabes, sí sientes. Te mienten. Sentir siempre cambia. Sentir acedo en la otra orilla, ácido y plomo, visiones junto al Bravo. Caminos y métodos enjaulados. Calles rayadas. Vapores con veneno, pensar es la perrera. Se venden eternos retornos, ofertas verdaderas provenientes de Taiwán.

LAS ÁREAS DE DESCANSO
EN LA CABEZA DE GAMONEDA

Yeguas fecundas en la fosforescencia.
Yeguas de un azul muy óseo.

En otra falla de intensidad.
En la señal de alarma.

¿Es un colmillo magenta
o es un láser que desafía al láser alfa
para robarle su sitio?

Yeguas fecundas en la fosforescencia.
Yeguas abiertas por lo alcalino inminente.

De cabo a cabo de su relincho.

En la señal que todo el edificio roba.

La crin de una lluvia
de alta radioactividad.

DANIELA
CAMACHO

Sinaloa, 1980

Poeta y traductora. Maestra en Letras Latinoamericanas por la UNAM, Ingeniera Industrial y de Sistemas por el ITESM y autora, entre otros, de los libros *imperia* (El perro y la rana, 2013), *Carcinoma* (Artes de México, 2014), *Lantana* (Ejemplar Único, 2017) y *Experiencia Butoh* (Amargord Ediciones-Cosmorama Edições, 2017), que recibió el Premio de Poesía Joaquín Xirau Icaza 2018, otorgado por el Colegio de México. Vivió en Japón, Suiza y Egipto. Actualmente, reside en Mérida, Yucatán, donde dirige el espacio cultural La68.

[ARCHIVO HIJIKATA]

Escucha:
La derrota es un comienzo.

I

Mi nombre es Yoneyama Kunio.

Surjo de un cuerpo que se frota en el pasado contra un árbol. Un vicio rural. Una caricia brillante. Que se entienda: nacer es un acto escandaloso. Algo que no he imaginado. La madre en el parto me sostiene del pulso. Afuera nos vigilan los restos de nieve. Muy pronto la gente del pueblo vendrá a separarme de mí. Entonces verán con sorpresa y espanto que habita en mis ojos el dios de las cosas temidas.

KINJIKI (EXPANDIDO)

    Kazuo y Yoshito Ohno, Tatsumi Hijikata y otros hombres. Luz brillante.

Ve
pero conserva los ojos:
el ano del cuerpo aturdido por la enorme raíz de carne se abre resueltamente
    por sí mismo
como un loto.

En el primer acto:

Cacería simulada en un bosque simulado
maga que se ha frotado el nervio
para lucir una corona destazada
y huesos que le vienen de la primera madre.

Divina será tu nombre.
Serás un travestido, una máquina romántica de soledad,
de carne que se vende en la pobreza y la vejez
y se adorna con flores tomadas de los cementerios.

El cuerpo no oculta su milagro. Se vence a sí mismo. Se da muerte. Las manos que una vez apuntaron hacia el cielo son ahora armas de gravedad, falanges con veneno. Un arco, una caricia mala: abusar del viejo prostituto hasta hacer del escenario un espacio vacío.

Segundo acto Ve
pero conserva los ojos:
este es el muchacho que avanza con entusiasmo hacia el desgarro
el cuerpo aturdido
el abierto de sangre como una flor
como si fuera el primer hombre vivo
o el que ya muerto muere mucho tiempo después.

IBÁN
DE LEÓN

Oaxaca, 1980

Licenciado en Letras Hispánicas por la Universidad Autónoma del Estado de Morelos (UAEM). Fue becario de la Fundación para las Letras Mexicanas (2009-2011). Autor de los libros de poesía *Oscuridad del agua* (Instituto Sonorense de Cultura, 2012), *Estaciones nocturnas* (FETA, 2016), *Pan de la noche* (Universidad Autónoma de Zacatecas, 2019) y *Calles del cuerpo anochecido* (Acá las Letras Ediciones-Coneculta, 2019). Ha obtenido, entre otros, los siguientes reconocimientos: Premio Nacional de Poesía Ramón López Velarde 2018, Premio Nacional de Poesía Rodulfo Figueroa 2018, Premio Nacional de Poesía Amado Nervo 2014, Premio Nacional de Poesía Francisco González León 2014 y Premio Nacional de Poesía Sonora 2011.

1987

Guardo tu nombre en una caja de zapatos.
Eran los siete años que abrían nuestro mundo.
De mañana,
tus labios repetían la historia:
encontrar nuestros pasos
para ir a la escuela tomados de la sombra.
En tus ojos de agua el calor encendía un poco de tristeza.
Me gustaba
tocar tus iniciales en el salón de clases.

Pienso en tu vida lejos de las aulas,
en tu desilusión presentida antes del recreo.
Te veo como entonces, Laura,
alegre por el ruido de los juegos.
Amaba tu sonrisa,
tus ocurrencias todas,
tus manos que apretaban
un puñado de hierba
arrancado de pronto en el camino a casa.

No sé qué signifiquen
las cinco letras que construyen tu ausencia;
las guardo en esta caja,
y pienso
que el llamado despunta
a las seis horas justas de los pájaros,
que el mundo recomienza entre nosotros
cuando cierro los ojos.

Es mayo otra vez, mamá.

Y llueve.

Sobre el afán de mis papeles ha caído un recuerdo llamado carcinoma.

Se llama carcinoma esta mañana con su tierra mojada,

con la ropa húmeda que tendimos de noche y hay que lavar de nuevo.

Es la primera lluvia que no limpia, que levanta el calor del pavimento
    con sus orines viejos.

Tú estás en el cuarto de hospital, en medio del dolor y los reclamos.

Estás ahí rendida, pidiendo entre sollozos que te lleven a casa
    a morir en tu cama.

Ha llovido en la noche una primera lluvia de cangrejos.

Amaneció nublado y parece domingo.

Son las siete, tal vez, casi la luz.

Mi hermano Gil y yo vamos a ver, buscamos.

Es una playa extensa junto a un mar implacable que revienta su
    espuma entre la arena.

Agua turbia del aire nos golpea al llegar, sentimos frío.

Armados con las pinzas para el pan, cada quien con su bolsa.

Con la primera lluvia emergen los crustáceos, salen del corazón
    de la mañana.

La consigna es capturarlos con cuidado. Luego irán a encontrarse
    en la cubeta.

La consigna es capturarlos suavemente, buscarlos bajo piedras,
    entre hojas.

Acorralar la línea de sus huellas.

Es el manjar de un día, una muerte que vuelve cada año y alimenta
    las bocas de tus hijos, de otros hijos que fuimos cuando niños.

Sólo una vez al año, sólo con la primera lluvia.

La miseria nos dio, a mediados de mayo, una carne prestada para
    engañar al hambre.

Hay una gran tristeza en todo esto: matamos para ser, siempre es así.
Se llama carcinoma este platillo donde sueñan el chile y el laurel.
Y el frijol y las hojas de aguacate.
Mientras muere el cangrejo atravesado por su propia tenaza,
otro cangrejo clava en tus pulmones la tenaza del miedo.

MIKEAS
SÁNCHEZ

Chiapas, 1980

Maestra en Didáctica de la Lengua y Enseñanza de la Literatura, productora de radio, traductora y defensora del territorio zoque. Autora de *Jujtzye tä wäpä tzamapänh'ajä/Cómo ser un buen salvaje*, *Mojk'jäyä/Mokaya*, *Kobikiajubä jaye'/Selección poética*, *Mumure' tä yäjktambä/Todos somos Cimarrones*, *Äj' ngujkomo/Desde mi médula* y *Maka mujsi tumä jama/Y sabrás un día*. Ha sido incluida en diversas antologías de México y del extranjero. Parte de su obra ha sido traducida al inglés, bengalí, italiano, maya, catalán, alemán, mixe y portugués. En 2014 fue nominada al Pushcart Prize, premio literario para las mejores publicaciones en Estados Unidos. En Chiapas, México, obtuvo el primer Premio de Narrativa Y el Bolóm dice… y el Premio de Poesía Indígena Pat O´tan. Es miembro del Sistema Nacional de Creadores de Arte.

JESUCRISTO'IS JA' ÑÄJKTYÄJ'YA ÄJ' TZUMAMA'IS KYIONUKSKU'Y

Äj' tzumama'is ja' myuspäkä' kastiya'ore
natzu' jyambä'ä ngyomis'kyionukskutyam
natzu' xaä' tumä nabdzu'
jyambäukam yanuku'is musokiu'tyam
Äj' tzumama'is wyanjambana' jujche' ore'omorire'na
Muspabä tä' tzamä'sawa'jin
tese' kujtnebya'na eyabä' ngomis wyinan'omoram
tese'na konukspa chokoyjin ni'ijse
Jesucristo'is ja' myajna kyonujksku'y
te' yore äj' dzumamas'ñye
ñä' ijtu'na pomarrosas yoma'ram
tese' sunkbana' tumä' matza
wyrün'omoram wadbasenaka'
San Miguel Arkangel'is ja' myajna' kyänuksku'y
äj'tzumama'is kyänuksku'y wenen'omo yaxonguy'tyam'dena'
jukis'tyt numbana' tese' poyajpana te' toya'ram
patsoke wejpana' tese' te' Sungä mita'na yängu'kyämä
Te' yängu'kyämärike pänayaju' kuyay'yune'ram

JESUCRISTO NO ENTENDIÓ JAMÁS LOS RUEGOS DE MI ABUELA

Mi abuela nunca aprendió español
tuvo miedo del olvido de sus dioses
tuvo miedo de despertar una mañana
sin los prodigios de su prole en la memoria
Mi abuela creía que sólo en zoque
se podía hablar con el viento
pero se arrodillaba ante los santos
y oraba con fervor más que nadie
Jesucristo nunca la escuchó
la lengua de mi abuela
tenía el aroma de las pomarrosas
y el brillo de una estrella
le nacía en los ojos cuando cantaba
San Miguel Arcángel nunca la escuchó
los ruegos de mi abuela a veces eran blasfemias
jukis'tyt decía y los dolores cesaban
patsoke gritaba y el tiempo se detenía bajo su cama
En esa misma cama parió a sus siete hijos

RAMA

> Te' sudgu'y tumä pajk'te jairäbä'is ñyoyi'
> JULIETA VALERO

Jojpajkin tajsu'xys
jojpajk kutpa yuñ'ijtkuy'omo dyom'ijtkuy'omo
ñä' ijtu' ips' komajk komojsay ame'
teje' myusabya Mahomas nkyusku'y
uka ñä' ijtpa patsoke'une
tekoroya jyokpa jyaya
joyä tsäkibä' yasa'kämä
sudgu'y kämä'
poñi'bä konukskuy'jin
konukspä tsu' ko' tsu'
wäkä myajkpä'ä sudguy'istyoya'

Kasujpa tä' ägba' jana'pama
uka' ni'ijs ji' tä' pike' dä yomijtku'y
teje' nkipspa' sone'naka
yangamyajpasen'omo wyrun'dam
teje' myabaxäbya' Dakar'pä kubgu'y
juwä sone' yujk'tambä yomo'istam
ne' pyojkin'dchokiaju pyabiñomo'ajkutyam
tumdumäbä'is wyadba peka'wane wolof'ore'omo
tumdumäbä pabiñomo nä' jonchire'
ne' xirijtubä sudguy' käjsi

RAMA

> El deseo es un hueso al que nadie puso nombre
> Julieta Valero

Los ríos que la habitan
se bifurcan entre su infancia y su sexo
tiene treinta y cinco años
y sabe que Mahoma no le perdonará
un hijo sin padre
por eso su vientre espera con calma
debajo de su vestido de flores
debajo de la pasión
desde una plegaria silenciosa
que pronuncia cada noche
para ahuyentar los malestares de la carne

Ser libre es dormir desnuda
sin unas manos buscando tu sexo
piensa mil veces
mientras cierra los ojos
y se sueña en una calle de Dakar
entre una decena de muchachas negras
recién llegadas a la pubertad
cada una ensaya cánticos ancestrales en wólof
cada una es una gaviota salvaje
volando alrededor del deseo

EVA
CASTAÑEDA
Ciudad de México, 1981

Autora de los libros *Nada se pierde* (VersodestierrO, 2012), *La imaginación herida* (Trajín, 2018) y *Decir otro lugar* (Elefanta Editorial, 2020). Algunos de sus poemas han sido traducidos al alemán, chino e inglés, además de que una muestra de su obra aparece en diversas antologías poéticas. Ha escrito múltiples ensayos y artículos sobre crítica literaria, éstos han sido publicados en revistas académicas, libros colectivos nacionales e internacionales como *En la orilla del silencio. Ensayos Sobre Alí Chumacero* (FETA), *Historia crítica de la poesía mexicana* (FCE/Conaculta), *Una tradición frente a su espejo. Estudios críticos por los 50 años del Premio nacional de poesía Aguascalientes* (INBAL/Instituto Cultural de Aguascalientes). Es Doctora en Letras por la UNAM. Realizó una Estancia Posdoctoral en el CIALC-UNAM. Forma parte del Sistema Nacional de Investigadores.

POR TODAS PARTES

El primer paso es quitarles la piel.
Se colocan directos al fuego hasta parecer quemados.
Se ponen dentro de una bolsa por una media hora.
Luego se procede a rasparlos para retirar otra capa de piel.
Se hace un corte longitudinal para extraer las venas.
Por último, escurrir los chiles y rellenarlos de queso.

Disfrute.

Escribir las instrucciones era lo más difícil. Ella sabía cocinar, pero escribir con precisión era igual de complicado que cocinar arroz. Finalmente, un día aprendió y pensó que hacer un recetario era como reunir tesoros en un cofre.

Su libro, *Las recetas de Clara.*
(Un montón de hojas cosidas con estambre).

Ese día cocinó sopa de fideo y chiles rellenos. Ese día salió. Ese día no regresó. Ese día algo volvió a romperse. Ese día Clara dejó sobre la mesa treinta y dos recetas, una pluma negra, una cabeza de ajo y un trapo rojo. Ese día la buscaron por todas partes.

Por todas partes

No se puede buscar por todas partes porque el mundo es muy grande. Por todas partes será lo más cerca, lo que llega hasta aquí. Y decimos que la buscamos por todas partes, que enseñamos su cara por todas partes, que lloramos por todas partes, que por todas partes gritamos su nombre hasta que las letras se deshilacharon igual que la comida en la boca.

Ese día, todos los días la buscaron por todas partes.

ESTE PAÍS

Has dicho que este país,
que este país,
que en este país.
Decimos todo el tiempo
hablamos de él:
un campo santo.

Lo imposible se nos cae.
Por ejemplo:
yo en el Super
$27.90 el pan de caja,
$84.50 el aderezo,
(gourmet por favor)
el cereal con fibra,
los jitomates.
No me alcanza.

Luego la fila,
el horror.
Un chocolate sin azúcar
$11.50, me lo llevo.
Si usted estuviera deprimido
también pensaría en esto.
Es que el precio de la carne
pone triste a cualquiera,
una película de espanto
la música en el Super.

Apenas salga *escucharé*
con pena al pájaro que canta,
apenas salga
llegaré a otro lado.

Una casa.
Este país es una casa
habitada por los que no
y nunca y no,
los que solo el ruido
de monedas acompaña.

Este país una casa
con sus horribles casas
que durante el desplome
la alacena medio vacía
algo se agota,
se desocupa esta casa
un campo santo de lo imposible.

JULIETA
GAMBOA

Ciudad de México, 1981

Foto | Gigí Dichaan

Poeta, maestra en Letras Latinoamericanas por la UNAM y doctora en Estudios Latinoamericanos por la misma universidad. Obtuvo el premio de poesía Ediciones Digitales Punto de Partida, UNAM, 2018. Autora de los poemarios *Taxonomía de un cuerpo* (Conaculta, 2012), *Sedimentos* (Universidad Autónoma de Nuevo León, 2016) y *El órgano de Corti* (UNAM, 2018). Sus poemas fueron incluidos en *Dentro de mí dos voces. Antología de la poesía mexicana contemporánea* (Asociación de Escritores de Voivodina, 2014) y en la *Muestra de poesía mexicana contemporánea* (Ediciones Altazor, 2019). Ha publicado poesía y crítica en revistas y suplementos culturales como *Periódico de Poesía, Punto de Partida, La palabra y el hombre, Casa del tiempo, Armas y Letras, Confabulario, Laberinto, Este país, Círculo de poesía, Levrel*, entre otros.

ELOGIO DE LA SEMILLA

Sumergida en la bolsa de agua
con la membrana del tímpano todavía formándose
ya distinguía el filo agudo de las voces,
dilatado después de la salida,
continuado hasta la infancia:
    el hombre y la mujer son uno
    a la medida de la procreación;
    en su centro palpita la semilla.
    El lugar de tu cuerpo es una casa
    para sentarte y esperar a que se abra la simiente
    todas las veces posibles
    y que tu rostro y tu voz se multipliquen y te prolonguen.
    Pule tu reflejo en esa casa de murmullos;
    cultiva lo blanco en la ropa
    y tu mesura debajo de las sábanas.

El timbre de las voces construyó el laberinto:
    dos cuerpos iguales deben repelerse;
    el magnetismo no soporta la unión de cargas símiles,
    verdad física.
    El abrazo de una mujer y una mujer abre un tiempo estéril,
    su cercanía tensa el equilibrio de lo vivo.
    Tu piel anómala junto a otra piel anómala,
    aleja la semilla, su germinación, el fin último.
    La torcedura de las ramas se anunciaba en las líneas de tu mano,
    en la ordenación de los astros el día que naciste.
    Estirpe enferma,
    invisible en el mapa de las criaturas.

Aprieta con fuerza las piernas,
encierra tu lengua,
cose los labios,
inhibe el tacto.
El deseo yerra cuando anega un campo fértil;
encuentra el camino para darte a un hombre y recibirlo,
o busca máscaras que ahoguen el sudor,
levanta muros que nos salven del contagio.

El exterior de las voces quiso un ser desmembrado,
un tronco sin extremidades y sin sexo,
con la espina rota.
Pero mi cuerpo lentamente se hizo sordo,
mi vientre se hizo sordo al timbre agudo
para no secarse,
para no conservar las vísceras ceñidas
y limpiar de prédicas el tacto,
para borrar el ruido de gusanos
gestando debajo de las piedras.

EN LAS VENAS DEL ÁRBOL

La raíz es la ruta para quien teme su voz.
Las palabras se alimentan de la tierra,
se encadenan a la fibra endurecida,
sorda osamenta que se agita en este árbol de ciudad.

La voz del árbol solo empuja el pavimento,
sube,
grita su salida a cada una de las ramas.

No la sostienen,
baja,
las astillas como cimientos de su lenguaje fósil,
expulsado de la superficie.

Es difícil encontrar la resonancia de los rasgos propios en un muerto. El instante de la muerte borra el rostro. Cuando los músculos se distienden del todo y la mirada sigue en línea recta al techo, el rostro de cualquier muerto cercano se convierte en el de un desconocido. Se borran las líneas y con ellas los lazos. En esa figura de cera modelada no está el paso de los años. Ningún gesto en la envoltura, en la cáscara seca.

Miro una foto de mi padre cuando tenía treinta años. No conocí a aquel hombre joven, pero así es como aparece algunas noches, desprendido de la imagen gris de la fotografía. Lo recuerdo inexacto, a veces diluido. Uno a ese rostro una voz, alejada de las células comiéndose una a otra, de las mutaciones, del temblor, del nido enfermo. Alejada del rostro de cera de un desconocido.

En un tiempo con fisuras, la memoria decide el rostro de mis muertos.

ENRIQUETA
LUNEZ

Foto | Verónica del Pino   Chiapas, 1981

Poeta y promotora cultural. Autora de *Stsak' osilaltik/Frontera* (Laboratorio de Tecnologías El Rule, 2020), *New Moon*, plaquette trilingüe (Ugly Duckling Presse, 2019), *Yo'onton mut* (Prodici, 2016, 2018), *Sk'eoj Jme'tik U/Cantos de Luna* (Pluralia Ediciones, 2013) y *Tajimol Ch'ulelaletik/Juego de Nahuales* (SEP, 2008). Ha colaborado en antologías, revistas electrónicas y discos multilingües. Actualmente es directora de la Casa de la Cultura de Chamula y miembro del Sistema Nacional de Creadores de Arte.

VOVIL VAYICH

Te xiniknun
ja' no'ox jna'
ti te xiniknun
k'alal vul jch'ulel
atinemxa yu'unik jtakopal
tubemxa jbi.

DELIRIO

Temblaba
sólo recuerdo
que temblaba
al despertar
vi mi cuerpo
pálido y desnudo.

Mu'kun slumal jtotik
ta jlumale ch'abal bu mukul smixik viniketik
ta jlumale ch'abal buch'o las kuch skurus
ta jlumale ch'abal to'ox buch'o laj yuts'inta xchi'il ta vok'el
mu'yuk to'ox boch'o la sko'oltas sba ta kaxlan
ta jlumale abektal ta kopal yik to'ox tilil, pom, tsij uch.
Jna'oj to lek
ta a-lumale xch'unik to'ox mantal li tsebetike
xkuchik to'ox si' li viniketike
li me'el-moletik sna'ojik to'ox sk'anel vo'
li jme'e sna' to'ox smetstael xchinal jsat
vu'une jna'oj to'ox jk'ejba lok'el ta be
kucha'al xjelav juntotik-junmetik.
Ja' jech, chvulto ta jol
ja' to'ox avutsilal, k'alal mu'yuk to'ox achanoj kaxlan k'op.

No soy la tierra del sol
en mi suelo no yace el cordón umbilical de los hombres
en mi suelo nadie cargó con una cruz
en mi suelo jamás un hombre atentó en contra de su hermano
nadie quiso ser mestizo
en mi suelo tu cuerpo despedía aromas de incienso, laurel y naranjillo.
Lo recuerdo
en tu suelo las niñas eran hacendosas
los hombre cargaban leña
los viejos sabían pedir agua
mi madre conocía el conjuro para sanar la piel
yo, solía de niña salir del camino para darle cabida
a los pasos del tío anciano.
Sí, aún lo recuerdo
esa era tu grandeza, antes de hablar español.

RUBÉN
MÁRQUEZ MÁXIMO

Puebla, 1981

Poeta y ensayista. Egresado del Colegio de Lingüística y Literatura Hispánica y de la maestría en Literatura Mexicana de la Benemérita Universidad Autónoma de Puebla. Actualmente concluye el doctorado en Literatura Hispanoamericana en la misma Universidad. Sus poemas han aparecido en diversas revistas nacionales e internacionales. Ha sido incluido en las antologías de poesía mexicana: *La luz que va dando nombre (1965-1985): Veinte años de la poesía última en México* (2007), *El oro ensortijado. Poesía viva de México* (2009), *Antología de poesía contemporánea. México y Colombia* (2011), *Antología general de la poesía mexicana* (2014) y *Al menos flores, al menos cantos. Antología de poetas del mundo* (2017). En Ediciones Alforja ha publicado el poemario *Pleamar en vuelo* (2008) y en Valparaíso México *Las batallas de Eros* (2016). Es co-fundador de *Círculo de Poesía. Revista Electrónica de Literatura* y de su casa editora.

VIAJE (FRAGMENTO)

V
Ya hundidos en pleno viento
saliendo de las notas de las hojas
somos la arborescencia
            el aire que se esconde entre las olas
                        la música musitando musas
el sátiro y la ninfa buscando sumergirse
                    en la fuente derramando agua
la tarde cayendo en fragmentos de luz
                en tibio gorgotear de lluvia

e   l   h   o   r   i   z   o   n   t   e
    l   a   o   r   ll   a   d   e   l   m   a   r

y somos la noche
la noche sumergida en espirales
dando vueltas alrededor de los planetas

el *luar* de la noche
el *luar* escondido en el follaje

el sonido silencioso de la cauda de un insecto

y nuevamente el *luar*
el *luar* danzando
el *luar* besando el aire
el *luar* mareando la marea
el *luar* pintando en el lienzo terrestre

y somos dos astros fragmentados
dos trozos perdidos sin perderse
      dos palabras disueltas

                copulando
          en el corazón del átomo
            somos lusol y luzaura
verdiazuleando en el centro del espacio.

Cintia se ha enojado porque vine a verte
me ha insultado con ardor entre los labios.
 No importa lo que diga
aunque pasado el tiempo me persiga su imagen
para reclamar por los besos que te marco
llego a ti por la miel que todo alegra.

¿Me preguntas por qué la sigo viendo
si es celosa y enfadosa como nadie?

Piensa en esto y sé sensata.
Sin el ardor de sus injurias
¿tendría caso venir a verte?

Tu boca ofrece el bálsamo
ella la herida que tú curas.

RENÉ
MORALES

San Luis Potosí, 1981

Ha publicado en revistas, antologías y los siguientes libros: *Espacio en disidencia* (Praxis, 2006), *El bestiario del perro* (Literal, 2009), *Radiografías* (Catafixia, 2010), *Notas sobre el fin del mundo* (Public Pervet, 2011), *La línea blanca* (Public Pervet, 2013; La regia cartonera, 2014; Pirata cartonera, 2015), *Carne* (Public Pervert, 2015), *Trilogía de la violencia* (Metáfora, 2016), *Texas, i love you* (Anónima, 2018) y *Luz silenciosa bajando de las colinas de Chiapas* (Editorial cultura, 2019). Becario del PECDA-Chiapas en la categoría Joven Creador y Creador con Trayectoria, y del Fonca en Jóvenes Creadores. Ganador del Premio Internacional Luis Cardoza y Aragón, entregado por la Secretaria de Relaciones Exteriores de México.

ELÍAS MORENO

Me han convencido
que uno lleva muy adentro de sí
una flor con olor a carne
dos docenas de gorriones
un tubo de metal rojo
un poco de nieve derritiéndose
un manicomio con un patio lleno de cactus.

Un asesino con un cuchillo en la bolsa
atravesando Texas para buscar a su esposa
con la intención de recordarle
que lo único que quiero
es que me tenga un poquito de miedo.

Después de que su esposa huyó, fue a buscarla a casa de su cuñado Juan Garza, al no encontrarla decidió matar a la familia completa, se robó el auto de sus víctimas. Es de destacarse que se pasó un semáforo en luz preventiva y fue detenido por el oficial Rusell Lynn, quien murió al recibir tres disparos mientras pedía los documentos del detenido. Asesinó a tres ancianos sin ningún motivo.

Para finalizar secuestró a una familia a quienes obligó a que lo llevaran hasta Pasadena, Texas, en esta ciudad volvió a secuestrar a otra persona, a quien obligó a llevarlo a la frontera en donde fue detenido.

Ejecutado el 4 de Marzo de 1987

Última declaración: Estoy aquí porque soy culpable, no guardo rencor en contra de nadie, estoy pagando según las leyes del estado de Texas, gracias.

MARIO TREVIÑO

Madre si te preguntan por mí
diles que he muerto
destrozado por dentro
que fui el más grande hijo de puta
que hayas conocido en tu vida
robé, asesiné y violé
que en el último momento estaba triste
pero que lloré poco.

Madre te lo repito y te lo suplico
si te preguntan por mí diles que he muerto
como cualquier otro.

Diles que no pregunten más
que tú apenas y me conociste.

Allanó la casa de Blanche Miller para robarla, al ser descubierto decidió violarla y estrangularla hasta la muerte.

Tomó de la casa de la víctima joyas, una televisión, un estéreo, cosas que después fueron encontradas por la policía en la casa de Mario Treviño.

Ejecutado el 18 de agosto de 1999
El reo se negó a hacer algún tipo de declaración antes de recibir la inyección letal.

SAÚL
ORDOÑEZ

Foto | Alex Ganem

Estado de México, 1981

Licenciado en Ciencias de la Comunicación por el Tec de Monterrey Campus Toluca; Maestro en Humanidades: Ética por la Universidad Autónoma del Estado de México, donde actualmente es doctorante en humanidades: Filosofía Contemporánea. Ha publicado diez títulos de poesía, entre los que destacan: *Jeffrey* (2011) Premio Nacional de Poesía Joven Elías Nandino 2011, *Trompadeperro* (2017) Mención Honorífica del I Certamen Estatal de Literatura Laura Méndez de Cuenca y *Viacrucis* (2019) Premio Internacional de Poesía Jaime Sabines 2018. Compiló y prologó *Afuera. Arca poética de la diversidad sexual* (2017). Textos suyos han aparecido en antologías, publicaciones periódicas y medios electrónicos y han sido traducidos al italiano y al inglés. También ha incursionado en las artes visuales.

CLÍNICA

paciente masculino

ocho años

trastorno del espectro

autista

incapacidad

para comunicarse diarrea

continua   desnutrición

grave

grito

del cuerpo   la carne

sobre la palabra   revancha

de lo real

dr. chávez, el pecado

es el pronombre

primera persona

singular

NIDO DE CUCO

mamá pesa más de trescientos kilos

no puede moverse de la cama

lleva muchos largos años en la cama

muchos largos minutos en la cama

todos y cada día la lavo

paso la esponja húmeda sobre su piel entre sus pliegues

seco con mucho cuidado su piel entre sus pliegues

es muy duro mover sus pesados enormes linfedemas

grandes enormes tumores de mamá

todos y cada día la ayudo con sus deposiciones

la pequeña peste de mamá

el sexo de mamá

el gran amor de mamá

todos y cada día le doy

pollo frito y amor pizza

y amor helado

y amor y todo todo lo que pide

es comida es amor

que si la amo/ sí

que si estoy matándola/ sí

que no puedo decir no

sí es amor es amor

no lo dudes

como amas tú

qué harías tú

CARLOS
RAMÍREZ VUELVAS

Colima, 1981

Autor de los libros de poesía *Los contradioses* (2015) y *Ha llegado el verano a casa* (2016). También es autor de los libros de ensayo *Los rostros del héroe en la caverna* (2009), *Full zone* (2010) y *Mexican Drugs. Cultura popular y narcotráfico* (2011). Sus poemas aparecen en las antologías: *Un orbe más ancho: 40 poetas jóvenes (1971- 1983)* (2005), *La luz que va dando nombre. Veinte años de la poesía última en México (1965-1985)* (2007), *La música callada, la soledad sonora* (2008) y *El oro ensortijado. Poesía viva de México* (2009) y *Antología general de la poesía mexicana* (2015). Ha sido becario del Fonca y del Conacyt.

SEIS DE MARZO

Una mujer habló con mi hermano muerto

dijo:
   "el día que nació
               tú aprendías a jugar fuera de casa"

dijo:
   "ese mismo día
          prematuro
                 tres años después cumplió su aniversario"

Que yo jugaba en medio de la calle mientras él
iluminaba su propia soledad con enseres de cocina

Dijo:
   "ese mismo día tu hermano aprendió
que la pasta dental (o todo lo que alimenta al cuerpo)
es un poco de cianuro y por eso
se oculta en los rincones más oscuros como
la boca o el baño de la casa"

Todo eso dijo
y nadie pudo remediar los designios
de la vida cotidiana

ni la guitarra de mi padre pudo
ni la mirada desde entonces otoñal
de mi madre pudo   predecir qué pasaría

cuando mi hermano iluminaba
su propia soledad jugando
con lo más oscuro
adentro de su boca en un cuarto de baño

Eso y más dijo la mujer que habló con él ya muerto
y él no culpó a nadie de lo que había pasado

PASO DEL NORTE, 2

Mi abuelo es transparente como un burdel en el que nade miente./ Mi abuelo, el padre de mi padre, anduvo así de impreciso,/ con la culpa encima, con los huaraches de araña y cuero en cruz,/ sobre el polvo de Calexico./ Entonces mi país aprendía a querer la crisis, como se desea a una amante,/ infiel y necesaria./ Entonces dolía la soledad y las palabras que nadie mencionaba:/ pobreza, adolescencia y esquirlas en Vietnam.// Calexico: corrían caballos blancos en un llano de seda,/ un sueño nebuloso para atrapar los moscos de la necesidad./ Una guitarra celebrada el fin de la jornada,/ cuando a mi abuelo el frío lo aturdía y robustecía las fuerzas en el platón del hambre cotidiana./ A cambio, la sombra en la dureza de un sombrero,/ horas por segundo la sangre le lactaba.// Mi abuelo dicen que en Japón vivían los dueños de esa tierra,/ hablando en ademanes de una lengua de loros./ En japonés venía el mandato para departirlo en español mugroso:/ era la destreza de las lenguas de la Waina, hija del licor americano./ El *wine*, dice mi abuelo en limpio inglés mal pronunciado.// Pedía mi abuelo un poco menos mierda y más tabaco en la comida y en la resignación./ Y la Waina ofrecía el negro pecho para hacer más blando el líquido centeno./ Aquella mujer bendita consumía un galón de vino/ para enseñar a mirar de frente/ al desierto de los días.

WILDERNAIN
VILLEGAS CARRILLO

Yucatán, 1981

Escritor, traductor, académico e investigador maya. Licenciado en Educación Secundaria, maestro en Educación Intercultural. Ganador de siete reconocimientos nacionales e internacionales, entre los que destacan el Premio Netzahualcóyotl de Literatura en Lenguas Mexicanas 2008, el Campeonato Latinoamericano de Oratoria en Lenguas Maternas "Gran señorío de Xaltocan 2011", el Premio Internacional de Poesía del Mundo Maya "Waldemar Noh Tzek" 2014. En 2017, su poema "Ja'káax/Aguaselva", fue musicalizado como pieza de opera que ganó el Certamen Internacional de Ópera Maya. Algunos de sus libros publicados son *U k'aay Ch'ibal/El canto de la estirpe, U k'uubal t'aan/Ofrenda de la voz y K'áak ku loolankil/Fuego que florece*. Actualmente es profesor investigador de la Universidad Intercultural Maya de Quintana Roo, en la que coordina la licenciatura en Gestión y Desarrollo de las Artes. Forma parte del Sistema Nacional de Creadores de Arte.

Junp'éel k'uj ku ch'inik u báat,
u nu'ukulo'ob sáasil ku kíimilo'ob,
juulboon ku p'atik boox u juul,
chokopol xóobilo'ob ku ok'ochi'ibalo'ob,
luuk'e' ku wíits'il ti' k'áak' tsíimino'ob, ku je'elsiko'ob,
ku buliko'ob.

Tuláak' tu'uxe' junp'éel chan kaaj ku líik'il ti' uk'aj,
ja'e' ku loolankúunsik u tan yich,
ku chupik chultuno'ob,
jaltuno'ob,
p'úulo'ob,
che'ejo'ob.
K'áaxe' ku kaakabkúunsik suyuj t'aano'ob:
le iik'o' wa'apáach' ku yáalkab ichil le k'áaxo',
áak'abe' kéej tun léets'ik u yaal,
leelemo'ob ku kajtalo'ob tu yoot'el sak xikim,
u yáakam chak mo'ole' ku yajsik u jaats' cháak,
muucho'obe' xéexet'al ya'ax tuunich ku juumo'ob,
nukuch ch'áajo'be' ku jats'iko'ob u túunk'ul áak.

Ba'ale' te'ela',
cháake' ku k'askúunsik ma'alob t'aano'ob,
le kili'ich noj kaaja'
ku súutul luuk'.

Un dios lanza su hacha:
mueren faroles,
El semáforo cambia a negro,
aúllan enloquecidos cláxones,
el lodo salpica coches, los detiene,
los ahoga.

En otra parte,
alguna aldea se levanta de la sed,
el agua florece su rostro,
sacia *chultunes,*
sartenejas,
cántaros,
sonrisas.
La floresta fecunda metáforas:
el aire es gigante que corre entre la selva,
la noche venado lamiendo su linaje,
fulgores habitan la piel del ocelote,
el rugido del tigre al rayo despierta,
los sapos son pedazos de jade musical,
goterones golpean el tambor de la tortuga.

En cambio aquí,
la lluvia arruina discursos oficiales,
y esta bendita ciudad
se vuelve charca.

UTI'AL IN PAKTIKECH

Kin wilikech ti' k'u,
ku chinil k'iin u tsu'uts' mantats'il,
yéetel ku yóok'ot' in ki'imak óolal,
ku bonik' a t'aan layli' ku juum,
ku ts'áaik nib óolal ti' k'ujo'ob tia'ano'ob ich teen,
je'ebix ka'an ti' ch'íich'o'ob
yéetel lu'un ti' u amal ch'aj k'iinil to'on.

Nool e'esten tuka'aten k'uyen tuunich
tu'ux ajmiatso'ob tu xoko'ob k'iin,
yéetel tu yilo'ob u xíimbal yáax k'iin
yéetel u wi'ij sáak'o'ob tu tojil muun kool;
tu'ux tu yilo'ob u jáaxtik lu'um cháak,
u ma'bukil káakab lu'um,
tu'ux tu yilo'ob nalo'ob
tun yóok'oto'ob tu k'aay yúuyum
yéetel bu'ul ku méek'ik u wíinklal nal
tak u tak'ankúunsik alab óolal.

In k'aat le tuunicho',
tia'an ka'ach ta wiche',
tu juum a kaal.

Bejla'ak tia'anech tin k'a'ajasaje',
kin patik sujuy t'aano'ob
uti'al in paktikech;
kin ts'aik' junp'éel tuunich tu yóok'ol a na'anil,
kin kajsik ak k'u,

ken lóolankinak u samchakil juul sáastal tu ka'anlile'
bin na'akak ba'alcheo'ob u yuk'o'ob sáasil.

Kin che'ej
tuyo'sal a sáastal láalaj áak'ab ku yaajal,
tuyo'sal u ta'ujil a tan pool,
boox éek' tu chúumuk a sáasile'
tu jojopansaj u ch'ujuk ejoche'enil.

Nool
ko'ox báaxtik táan ak pak'ik k'ujo'ob
yéetel bin síijik ya'axche'ob
utia'al u ts'aik u k'u' éek'o'ob.
Ko'ox báaxtik táan ak pak'ik múuyalo'ob
yéetel bin xíitik áalkab ja'ob,
bin ch'eene'nak paakato'ob ja'il
u p'ato'ob u na'at'al u paach Kukulkan meen k'áak',
u pa'to'ob u paktikubal Ix Chéel tu újil néen,
yéetel Cháak u meent u léembal u jaats',
tuláakal le k'ujo'oba',
yéetel in xáak'abo'obe'
nats'ko'ob u suto'ob ja' yáalkab k'aab iim,
u suto'ob súutuk kaab yéetel waaj.
Ko'ox k'aay je'ebix k'áax
ken u yu'ub u popokxiik' k'iin ich ch'íich'o'ob,
papaxk'abnako'on ye'ebix k'áaxal ja' tu chuun u nak' Mayab,

ok'onako'on,
teech te'elo yéetel asab way tene',
teen in machminbal ti' le súutuka',
ok'onako'on
tuyo'sal jach ya'ab sáastal.

PARA MIRARTE

Te descubro en la pirámide,
se inclina el sol a besar la eternidad
y mi alegría danza,
dibuja tu palabra que aún resuena,
da gracias a los dioses que habitan en mí,
como el cielo en las aves
y el polvo en cada segundo del nosotros.

Abuelo,
enséñame otra vez La Piedra Sagrada
donde sabios descifraron al tiempo
y miraron caminar la sequía
y el hambre de langostas hacia la milpa tierna,
donde vieron a la lluvia acariciar el suelo,
su fértil desnudez,
donde vieron mazorcas
bailando en el trino de la oropéndola,
y el frijol que abraza al cuerpo del maizal
hasta madurar esperanza.

Quiero esa piedra,
la tenías en tu rostro,
en tu voz.

Hoy que habitas al recuerdo,
invento versos
para mirarte;
pongo una roca sobre tu ausencia,

inicio nuestra pirámide,
cuando en la cima nazca una aurora
los animales subirán a beber la claridad.

Sonrío
por tu mañana que cada noche retoña,
por aquel lunar de tu frente,
estrella negra que en medio de tu luz
fulguró su dulce oscuridad.

Abuelo,
juguemos a sembrar dioses
y nacerán árboles de ceiba
para que los astros aniden;
juguemos a sembrar nubes
y brotarán ríos subterráneos,
asomarán miradas de agua
a esperar que el fuego cabalgue en la espalda de Kukulkan,
que Ix Cheel se contemple en su espejo de luna,
que Cháak centellee su látigo;
y con mis pasos se acerquen
a convertir el agua en arroyos de leche,
en minutos de miel y pan.
Cantemos como la selva
cuando siente al sol revolotear en los pájaros,
aplaudamos como la lluvia en el vientre del Mayab,
lloremos,
tu allá y más acá de mí,
aferrado a este instante,
lloremos,
por tanto amanecer.

CLAUDINA
DOMINGO

Ciudad de México, 1982

Foto | Filemón Alonso-Miranda

Narradora y poeta. Ha publicado los libros de poesía *Miel en ciernes* (Praxis, 2005), *Tránsito* (FETA, 2011; Premio Iberoamericano para Obra Publicada Carlos Pellicer 2012) y *Ya sabes que no veo de noche* (Premio Nacional Gilberto Owen, 2016). También es autora del libro de cuentos *Las enemigas* (Sexto Piso, 2017), semifinalista del V Premio Iberoamericano de Cuento Gabriel García Márquez, y de la novela *La noche en el espejo* (en prensa). Ha publicado artículos literarios, poemas y reseñas en los suplementos *Laberinto* del periódico *Milenio*, *Confabulario* de *El Universal* y *El cultural* de *La Razón*, así como en las revistas *Este País*, *Revista de la Universidad*, *Letras Libres*, *Nexos* y *La Tempestad*. Es miembro del Sistema Nacional de Creadores de Arte.

OFRENDA

a la memoria de mi abuelo Albino

nada se pierde con inventar: el sueño que te cuento: el tequila en su botella miniatura: la calabaza dulce: el pan suave que se haría migajas por ser el pan duro que preparabas en noviembre: el pan que todos aceptábamos para tirar en casa a la basura

nada se pierde con imaginar: tu infancia mítica de niño migrante: el agua que repartías en cubetas de hojalata en Santa María la Ribera (la ciudad de plomo y azúcar): la puñalada nocturna que no recibiste entre los omóplatos gracias a una mano como luna: el día que barajaste tus cuarenta años y decidiste llevar a la ciudad tu póquer de hijos: los años sirviendo trago en La Abeja: recogiendo el sustento de las propinas de la noche

nada se pierde (en esta comanda): sobre todo si entre las palabras vienen todas las flores y la sal de las cocinas: agosto en trompetas de alcatraces: abril siseante de jumiles: febrero entre espadines de colorín y nubes de huevos revueltos: noviembre tendido en la mesa debajo del rodillo: los junios que suben por los trazos de buganvilias tulipanes chinos y geranios (no te equivocabas: solo un espesor es necesario: el de los pétalos)

nada se oculta: en la voz de la que siempre te vio desde lejos: el buen patriarca que no por ser bueno es menos hombre lejano y campirano

nada se omite: en la última noche (carbonizada en el cabo de la vela de san Juan Bautista): y en el colmo de la arteria tu voz defendiendo la última trinchera de la vida nada se mueve: cuando cubro la mesa con papel de china desollado: y la riego de pétalos de flores: si coloco tu retrato entre las osamentas de alegre azúcar y pruebo el caramelo de la falda de los postres

nada se descubre (si suponemos) que esta herida también es una puerta que se abre

TRÁNSITO

(venir a menos) ¿desde cuándo? (¿desde dónde?)
(hoy es ayer "y nunca")   (cenizas retorcidas) no sé
sabe si es un árbol (o un remordimiento del paisaje)   la
memoria (oficial) sitúa a un hombre bajo la fronda (herido
o iracundo)   "destruir es necesario" (dejarse destruir
en un enigma ferviente)   un árbol "cenizas"
(suposición de incendios)

playa del Carmen   pasteles (rosa azul) tiza (estragos
sobre ellos)   seniles (las ventanas)   ¿qué es lo que
parece tan vivo?   (¿qué es lo que arranca a la ruina su
margen de gloria?)   (los gimnasios) el ferrocarril (su idea
baldía) las escuelas (que hicieron historia) los hoteles
rancios (nostalgias prematuras)   "ya estás vieja" (ciudad)
"ya estás gastada" (siendo aún muchacha)

Cosmos "zombra"   metralla insólita (grafiti) tabaquillo
Daniel Delgadillo (de bajada) "tiene cara de puerto"
(¿dónde están los barcos?)   tacones rojos (vestidos
náufragos de un carnaval tropical)   secretarias y
burócratas vestidos de gala   (zapatos relucientes)
ansiedad adolescente afuera de los salones de baile
(tiene) "el estado incólume" de una ciudad al bode de
una masa de agua   (su ebria somnolencia) su afición
por la corrosión y el óxido   (tiene estatura de gran puta)
necesidad de relámpago   (tiene) largos pasillos
contingentes de palomas (billares) "ruinas"
          ¿necesidad? ¿necedad? "ímpetu"

(una ciudad) sostiene en vilo un puente abarrotado por la imaginación de un arquitecto de prisiones   (ya sabes) los muchachos hacen piruetas bajo él   (más adelante) una vinatería bien surtida   "¿pero es que hablo de una ciudad?"

(una cerca)   (ensimismados) los monjes muestran la semilla al gorrión   (estatuas) capillas de juguete (dedal) (lo que para otras sería una maldición) "aquí" es una disposición de la belleza   las coordenadas de un señorío de espumas graves y brotes de alucinaciones   (el espacio) parquedad de diciembre (el sol) un foco bajo la descarga   (lo demás) su sacerdocio de semáforos

Cine Ópera   en su proa (y contra un imaginario espacio abierto) sus regentas sin brazos   (aparejos metálicos)   (vicisitudes de la ruina) nave espacial (zarpar)   "bendición a mujeres encintas" (chasquido de fresnos) los restos del otoño   Cedro (caos) restañar ¿quizá? los sortilegios de la hiedra (una lluvia de manguillos y mosquitas)   (Tulipán) teatro en fuga
       ventanas como ojales (ojales como hojas) laureles y escudos ciegos "daños estructurales"   pudrirse "es acercarse a la inmortalidad"   (anciana Santa María) tranquila en la restitución de sus rescoldos

Serapio Rendón (un edificio) se solivianta contra lo inerte no conoce la desesperación   se aproxima a la vida desde su decrepitud   en el balcón (un boiler o un viejo

hombre de hojalata)   chimeneas (volutas canceladas)
en el entretecho (una filtración) júbilo del verdor
     (palomas) presagios de la corrupción angelical
palomas (abyectas) se posan sobre los lazos de la ropa
gorgojos (y otras poblaciones minúsculas) inquilinos
morosos   "metralla" o el paso del tiempo en las
paredes   (una ciudad que no teme al precipicio)
     (una ciudad "es su limpidez")

ÓSCAR DAVID
LÓPEZ

Nuevo León, 1982

Escritor y transformista. Su novela *Nostalgia del lodo* (2005) recibió el Prix de la Jeune Littérature latino-américaine en Francia. Ha publicado ocho libros de poesía, el más reciente es *Cancer Queen* (2019). Ha recibido el Premio Nacional de Poesía Enriqueta Ochoa 2015, el Premio Regional de Poesía Carmen Alardín 2014, el Premio Nacional de Literatura Gilberto Owen 2011 y el Premio Nacional de Poesía Joven Francisco Cervantes Vidal 2009. Ha sido becario del Centro de escritores de Nuevo León, del PECDA y del programa Jóvenes Creadores del Fonca. Junto a la banda RZKXPX, editó el EP *The Gangbang Show* (2008). Mantuvo la columna "Gracias por su preferencia sexual" para VICE en español. Estudió Lenguajes Audiovisuales y una licenciatura en Letras Mexicanas en la Universidad Autónoma de Nuevo León.

LA OTRA ETERNIDAD

La eternidad, dice mi amiga.
La eternidad se llama este poema.

Pero cuando lee
sucedió en la casa de la selva
junto a los arcos del corredor
en realidad quiere decir:
tenía ocho años encerrada en un manicomio
todos los días era de noche
o era una noche larga
donde vivía sola, quitándome el vestido
perdida en el patio.

Aunque es un poema extenso,
ella sólo recita fragmentos.
No soporta la mirada del público
sobre su permanencia quieta, leyéndoles.

Y pronuncia los versos:
el zorro ocultó sus ojos tras el oleaje de tules
y ahí la niña se detuvo
el aire corría entre sus piernas
azotaba las gasas de su vestido
en realidad quiere decir:
pero de noche, en la verdadera noche
en las jardineras del manicomio
a veces hacía el amor

con otro desquiciado igual que yo.
La eternidad dije que se llama este poema, dice mi amiga.
Pero desde ahora se llamará *La otra eternidad*.

Mi amiga corregía sus poemas en público
como los locos
que repiten ciertas palabras
no para desmentirse,
sino para ponerlas en su verdadero lugar.
Masturbación expresiva, lo llamaba
a la hora del brindis.

A pesar de los cambios, sólo un final posible
y mi amiga lee:
*la llamaron a gritos desde la cocina
y el viento elevó una sábana
al fondo del patio.*

TAMBOS QUEMADOS

el fuego que destruye al desaparecer
se aparece en la destrucción
de la naturaleza del verbo la quemadura
arboladura del incendio
que crece ocupando el camino: ocupa
la dureza de la quema la huella
que deja lo quemado: el fuego
ocupándose de sí mismo al desaparecer
la *versura* contenida y ordeñada
sin ocuparse desaparece el fuego
de nuevo aparecido como si siguiera
la quema del verso y una vaca
durara lo que la huella quemada

MARIO
PANYAGUA

Ciudad de México, 1982

Cursó la licenciatura de Creación Literaria en la Universidad Autónoma de la Ciudad de México (UACM). Fue becario del programa Jóvenes Creadores del Fonca (2015-2016). Ha participado en diversos encuentros y recitales poéticos y ha publicado en revistas y suplementos culturales. Es autor de *Pueblerío* (Malpaís Ediciones). Funge como cronista de la revista *Metrópoli Ficción* desde 2014. Colabora como docente de la UACM en el programa de Educación Superior para Centros de Readaptación (PESCER), coordinando cursos de literatura para reos dentro de los centros penitenciarios de la Ciudad de México. Su libro *El doctor Jekyll nunca fumó piedra —crónicas de un pícaro en sabático—* (Producciones El Salario del Miedo) está en proceso de edición.

HAY UNA mujer en la ventana
   a la par que la luna coyotea
(su nombre es Angélica y la amo)
Piensa en la guerra lejos
    frunce el ceño
      alisa los pliegues de su falda...

En sus ojos zarcos bosteza el cielo
con ellos ralentiza la catástrofe

Habla de países nevados
   de ciudades con trenes en el aire
y la tristeza como dos alas arquea su frente

Sabe que el crimen está volando alto
   que la pobreza nos persigue

  Me mira fijo
como un ferrocarril varado para siempre
   detrás del gris de lluvia

Si aceptas la derrota vendrá *por ti la muerte*
  dice
sabrá clavarte bien su anzuelo
En el aire tenso como corva de chivo
   medita sus palabras
Las marcadas arrugas de su risa esconde

Yo te quiero prorrumpe
y un efluvio a mar revuelto

      escapa de sus bragas
sus pechos se dilatan…
sus niñas se diluyen en este provinciano

Soy sincera   infiere con las lianas de su voz
mientras en su mano sostiene un puño de monedas
y finge   no perder la cuenta

Escucha un motor que ronca en la avenida
     huele la gasolina en el aire
       el humo que repta del cigarro

Arroja el vuelto sobre la mesa
     (junto a los vegetales y el pescado)
La miro hondo   prolongando el instante:
¡es el ocaso más bello de mi vida!
   ella
que viene a mí

     (me besa en la frente)
Tengo un sueño atravesado en el oído
     (cierra los párpados)
Escucho cómo se propaga el fuego
     (me besa en la boca)
Después de nosotros sólo el tiempo…

Los zopilotes dibujaban relojes en el cielo
De la tierra no dejaron de salir los muertos
Montañas de pedazos de cuerpos escondidos
  brotando del camino

Entre barricadas y retenes abolidos pasé
pueblos abandonados yermos parajes

Los fantasmas son el recuerdo que quiere ser oído
pero son aquí
  arena del tiempo

MANUEL
PARRA AGUILAR

Sonora, 1982

Foto | Melissa Rivas

Licenciado en Literaturas Hispánicas por la Universidad de Sonora y maestro en Estudios de Arte y Literatura por la Universidad Autónoma del Estado de Morelos. Ha sido profesor de la Escuela de Escritores de Sonora. Ha merecido el Premio Filosofía y Letras BUAP en la categoría de cuento y poesía 2019; los Juegos Florales Iberoamericanos Ciudad del Carmen 2019; el Premio Nacional de Poesía de Zaachila, Oaxaca; el Premio Nacional de Cuento de Zaachila, Oaxaca; el XV Premio Nacional de Poesía Amado Nervo; el XII Premio Nacional de Poesía Alonso Vidal; el premio del Concurso del Libro Sonorense; el XIII Premio Nacional de Poesía Tintanueva y el Premio Internacional de Poesía Oliverio Girondo, organizado por la Sociedad Argentina de Escritores, SADE. Es autor de los libros de poemas *Permanencias, Breves, Portuaria, Pertenencias, Manual del mecánico, En el estudio, Más le valiera morir* y del libro de cuentos *Contrataciones*.

SŌICHIRŌ HONDA VE
UN MOLINO DE ARROZ HACIA 1916

El ruido y su permanencia.
La pupila archiva movimientos, la apariencia
se construye nuevamente cuando se nombra:
                              El ruido cae
como arrozal recién cortado. Sōichirō Honda
busca en ese caer un paisaje invisible entre las hierbas pisoteadas.
Sōichirō se inclina para seguir observando: Encuentra
nubes de humo, descascarado arroz entre su bicicleta.
Todas las cosas las toca el lenguaje.
Todo lo cumple el ruido que inventa formas.
Sōichirō pronuncia una palabra que no puede ser escuchada.
Un olor de combustible invade el terreno entre tanta ausencia de grillos.
Tal vez se propague hasta llegar a Hamamatsu.
Tal vez se propague hasta llegar a las orillas del mundo.
Sōichirō Honda se inclina para seguir observando.

LOUIS CHEVROLET VISITA BELLE ISLE PARK HACIA 1941

En el centro de la ciudad:
    Las conversaciones y lo que podemos nombrar sus metamorfosis.
Belle Isle Park aguarda. Nada está en silencio.
Ni lluvia ni viento. Un hombre solo
enciende una cerilla, escupe el suelo de las palomas que vendrán.

No hay algo qué comer.
Nada está en silencio. Louis Chevrolet
tartamudea las Santas Escrituras y su voz no construye. Louis señala
la rectitud de un auto que cruza por MacArthur Bridge.
        Un hombre se propone apagar la cerilla,
arruga el entrecejo.
         Él no sabe que la soledad no es una opción.
Louis Chevrolet acomoda los émbolos de su pensamiento.
        Morir no solo es mudarse de ciudad.
Tampoco lo es mirar la hora antes de partir.

Casi todo está en silencio.

XITLALITL RODRÍGUEZ MENDOZA

Foto | Alberto Rodríguez Mendoza

Jalisco, 1982

Estudió Letras Hispánicas en la Universidad de Guadalajara, cursó un año de las carreras de Letras Modernas y Español en la Universidad de Rennes II-Haute Bretagne en Francia y actualmente está terminando la maestría en Traducción de El Colegio de México. Es autora de los libros de poesía *Polvo lugar* (La Zonámbula, 2007); *Datsun* (UNAM, 2009); *Catnip* (Conaculta, 2011); *Apache y otros poemas de vehículos autoimpulsados* (Mono Ediciones/Conaculta, 2013); *Jaws [Tiburón]* (Mantis Editores/Conaculta, 2015) y *Hotel Universo* (UAEM, 2019). En 2015 obtuvo el X Premio Nacional de Poesía Ignacio Manuel Altamirano. Actualmente pertenece al Sistema Nacional de Creadores de Arte.

LA POETA LAUREADA

Los impuestos pocas veces
son luminosos
pero cuando lo son
llegan en forma de
urnas
boletas
aviones
y hospedaje gratis
flores envueltas
en papel celofán
con nombres como Laura
Palmer o laurel
y no son para todos

En febrero fui a Tixtla
a recoger un premio
y era un impuesto luminoso
en un lugar luminoso
con luminosas
madres sin sus hijos
luminosos
porque a veces
casi siempre
los impuestos
son oscuros
y pesados
y compran armas

negras
oficiales
o desaparecen
se evaporan
no
se transforman
en
bancos
yates
islas
casas blancas
(con luz negra)
lejanos trucos de magia
o en granaderos
antimotines
y en cápsulas
burbujas
o algo así le llaman
a los golpes
civiles sangrantes
y descalabrados
por sus impuestos
hasta morir

El caso es que un día
fui a Tixtla a
recibir mi ramo
de impuestos
y en un muro

luminoso, había
un pequeño
esténcil que ponía
"Votar mata"

Soy Murka, sobreviviente del sitio de Stalingrado. Madre de ocho gatos. O lo que es lo mismo: de ocho muertos. Llevaba información de posiciones enemigas a soldados rusos, mientras ellos vigilaban sus últimos minutos de vida al otro lado de la calle. 1942 fue un invierno duro. Tan duro como el cadáver de un niño sin nombre asesinado por la ametralladora Maxim. Y por debajo, y por encima, yo transportaba restos de algo importante, algo como el fin del día, como un ronroneo, como una lengua áspera entre los dedos armados, como una alerta de vigilia, pero vigilia al fin.

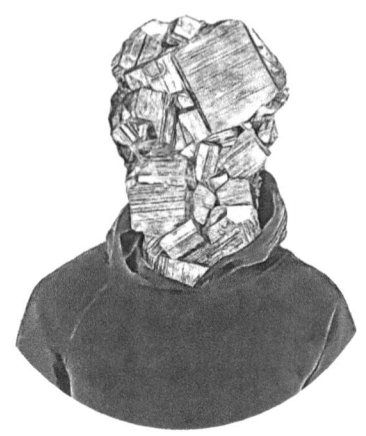

HORACIO
WARPOLA

Estado de México, 1982

Autor de varios libros de poesía, los más recientes *Carcass -un libro de poemas para Instagram stories* (Obelisco Records, 2019), *La incertidumbre cuántica* (Editorial Montea, 2019) y *Arcanum Planetae* (Obelisco Records, 2020). Ha aparecido en las antologías *Todo pende de una transparencia -Muestra de poesía mexicana reciente* (Vallejo & Co.), *Guasap -15 poetas mexicanos súper actuales* (La Liga Ediciones), *El autor es usuario. Antología panhispánica de escrituras digitales* (Letral), *Relatos de Música y Músicos* (Alba Editorial), *Lines In Land -A Collection of Mexican Poems* (Australian Poetry), entre otras. Colabora y trabaja en proyectos de literatura electrónica, arte digital y arte contemporáneo, mantiene en Twitter el bot literario @Poesía_es_bot, un Soundcloud de remixes con poetas hispanoamericanos y es parte del colectivo performático multimedial #SQNX. Ha sido becario del PECDA en la categoría Creador con Trayectoria y del programa Jóvenes Creadores del Fonca.

NO. 176

Cada Navidad matábamos una oveja El ritual comenzaba un día antes Hacían un hoyo en el suelo
En el sueño
Colgaban al animal de sus patas traseras Le rajaban el cuello
Su sangre llenaba una cubeta
Los coágulos
Constelaciones viscosas
Balidos finales
Luego le quitaban la piel
Primer capa de la creación
Las moscas revoloteaban como ángeles Cercenar un cuerpo
Enterrar un cuerpo
Cubrirlo de verduras y licor de quemarropa No como desligue del espíritu
Como manjar culinario
Después de horas bajo la tierra
El animal estaba listo
Lo devorábamos
Como hienas
Como humanos
Como familia
Apaguen el árbol
Hasta el siguiente año

LOS PLANOS SUTILES

supongamos que me tomo el líquido que contiene este frasco, supongamos que el líquido es amoniaco, supongamos que soy inmune al amoniaco, supongamos que después de beberlo salgo de mi casa caminando hacia la tienda y un hombre me mira de lejos, supongamos que ese hombre es dios, supongamos que dios se disfrazó de hombre y quiere hablar conmigo, supongamos que me confunde con otro ángel, supongamos que todos los hombres somos ángeles, supongamos que los ángeles existen, supongamos que dios se me acerca y me pide un trago de amoniaco, supongamos que guardé el frasco en mi bolsillo y se lo ofrezco, supongamos que dios no es inmune al amoniaco y muere en mis brazos, supongamos que para dios morir tan sólo significa transmutar, supongamos que transmutar es vivir, supongamos que vivir es matar, supongamos que ya no pude comprar nada en la tienda porque me quedé dándole resucitación cardio pulmonar al hombre-dios recién muerto, supongamos que revive, supongamos que revive como un monstruo, supongamos que el monstruo es toda la sociedad, supongamos que todos somos monstruos, supongamos que estos monstruos escriben poemas, supongamos que esto es un poema, supongamos que yo soy un monstruo, supongamos que los monstruos son inmunes al amoniaco, supongamos que la inmunidad es una capacidad intelectual, supongamos que el cosmos es inmune a nosotros, supongamos que nosotros a pesar de ser monstruos también somos cosmos, supongamos que el amoniaco en realidad somos nosotros y el frasco es apenas una vasija del multiverso, sólo supongamos

AUDOMARO **HIDALGO**

Tabasco, 1983

Es poeta, ensayista y traductor mexicano. Ha publicado *El fuego de las noches* (2012). Estudió Literatura Hispanoamericana en la Universidad Nacional del Litoral, en Santa Fe, Argentina, así como una maestría en Letras en la Universidad du Havre, en Francia, país en donde reside desde hace tres años. Poemas suyos han sido traducidos al inglés y al francés.

TUBÉRCULOS

Hundir la mano en la tierra.
Hundirla hasta palpar la piel áspera de lo oculto: tubérculos, tentáculos
de pulpos que habitan bajo tierra. Tubérculos
que crecen como el miedo, en lo oscuro.
Hundir la mano como lo hacía mi abuelo, en luna llena,
como me enseñó a hacerlo cuando aún podía, cuando tenía fuerza
y extraía tubérculos como tentáculos de pulpos acabados de cazar.
Hundir la mano hasta tocar los intestinos comestibles de la tierra,
hasta donde crecen tubérculos turbios,
como imágenes del sueño, como pensamientos torcidos.
Hundir la mano, lento, como en una profunda herida, lejana
como el día en que mi abuelo me enseñó a cosechar tubérculos
y se me reveló la imagen primera del miedo,
cuando lo tuve sucio en las manos, acabado de nacer,
sin llanto. Palpar la humedad de lo que está enterrado,
como una uña que duele, como el miedo por primera vez frente a mí.
Tubérculos, tentáculos de piel dura, desprendidos de pulpos rotos
    bajo tierra.
Tubérculos expuestos al sol, en agonía por saberse de antemano hervidos.
Órganos crudos. Formas impuras. Ideas sucias que tiene la tierra.
Bajos instintos. Fetos alargados. Turbulentos tentáculos. Alimento del pobre.
Tubérculos extraídos por mi abuelo los días de luna llena en la tierra.
Hundir la mano.
Hundirla más.
Palpar el miedo a ciegas.
Reconocerlo como a un tubérculo.
Ponerlo sobre la mesa.
Alimentarse de su almidón amargo.

EL LABERINTO, TESEO Y LA ESFINGE

La rosa es el centro del laberinto.

Mi abuelo Teseo está acabado, pero tiene un arma poderosa
    llamada Alzheimer.
El Alzheimer crea el laberinto cuando mi abuelo camina por la casa,
inventando pasillos y corredores mientras choca con las paredes.
Mi abuelo, Teseo sin fuerza, enfrenta todos los días
hordas y legiones de puertas, ventiladores, muebles
y zapatos que le salen al paso, con los que tropieza.

La rosa arde en el centro.

Mi abuela pudo ser el lado amable de la historia, pudo ser Ariadna,
pero prefirió ser la Esfinge. Mi abuela no le dio ningún hilo
a Teseo para que no se perdiera. Mi abuela
es una esfinge sentada en algún punto del laberinto.
Mira ir y venir a mi abuelo por los pasillos y corredores
que su Alzheimer levanta. La Esfinge
escucha a Teseo gritar, pedir auxilio en voz alta,
llamar a sus lejanos amigos de parranda,
decir el nombre de sus hijas muertas.

La rosa arde en el centro.

Mi abuelo, Teseo vulnerable, camina
cada día más perdido, sin hilo que lo ayude a volver
del laberinto oscuro de formas que su Alzheimer levanta.
La Esfinge lo presiente desde donde está sentada.

Teseo avanza sin algo con que defenderse,
sin machete o bastón, esa tercera pierna
del enigma de la Esfinge de piedra, no mi abuela,
Esfinge sin misterio, sentada por la diabetes
en algún rincón del laberinto en que se ha convertido la casa.

La rosa arde en el centro.

Mi abuelo Teseo avanza
por los pasillos y los corredores que su única arma,
el Alzheimer, inventa. Avanza tirando sillas
y rompiendo platos como escudos viejos, inservibles,
mientras la Esfinge fastidiada lo regaña y le mienta la madre.
El centro del laberinto es la rosa,
una flor imán sin espinas que aproxima y repele,
la pregunta definitiva bajo un mismo crepúsculo,
compartido dentro del laberinto, un animal rojo
que la Esfinge plantó y que espera la llegada de mi abuelo
Teseo, el extraviado.

BEATRIZ PÉREZ PEREDA
Tabasco, 1983

Poeta, licenciada en Derecho. Tiene estudios de posgrado en Apreciación y Creación Literaria. Cursó en el INBAL los diplomados en Literatura Mexicana, Creación Literaria y Narración Oral Especializada en Adolescentes. Ganadora del Premio Nacional de Poesía Amado Nervo 2015, de los Juegos Florales Nacionales de la Ciudad de Toluca 2013, del Premio Tabasco de Poesía José Carlos Becerra 2009, del Premio Nacional de Poesía Rosario Castellanos 2005, entre otros. Los títulos de sus libros publicados son: *Teoría sobre las aves* (Libros Invisibles-CECAN, 2018), *Un hermoso animal es la tristeza* (Laberinto Ediciones-UJAT, 2016), *Los sueños del agua* (Instituto de Cultura de Toluca, 2013) y *Álbum Personal* (UJAT, 2013).

Lunes 26 de marzo

LOS SUEÑOS DEL AGUA

Dicen que si sueñas con agua, tu corazón está sumergido en vaso de sal y llora. Y no bastan los ojos ni todos los poros de la piel juntos para dejar salir la tristeza y la ira, el agua mala.

Si sueñas con agua, eres una isla desechada por la cartografía, un pecio cubierto de lodo, una lápida común. Si sueña con agua, sólo los perros escuchan tu voz.

En sueños, el agua es más densa que la sangre.
En sueños, los pensamientos son filosos y basta pensar en la herida para que brote una amapola en la almohada.

Si sueñas con agua, hay tiburones que rondan tu carne.
Porque en los sueños del agua no hay tierra ni perdón para cesar un naufragio. Y no hay hombres de viento o fuego, ni manera de volver al polvo, sólo esta mortaja líquida hasta el cuello, que nos recuerda que la muerte es como contener la respiración frente al ataque de una ola.

MUJER EN EL BAR/ YO

Esa mujer se parece un poco a mí
eligiendo las esquinas de los bares
para que nadie traspase su perímetro de silencio

Algo de ella en mí
o de mí en ella
o en su abrigo de talla equivocada
grande y descuidado
nos hermana sin la sangre
nos ata al mismo árbol sin raíces

Algo en su mirada que no acepta interrupciones
en su pelo empolvado
en su boca parca
necia a decir un sí
me hace reconocer los cortes de la tijera

Y su soledad expuesta sin pudor ni agonía
como una desnudez de mármol
enciende alarmas en mi pecho
y me hace amarla
con la piedad que no tengo para mí

MARTÍN
TONALMEYOTL

Guerrero, 1983   Foto | Miguel Alejandro León Santos

Campesino, profesor de lengua náhuatl, narrador, poeta, articulista y locutor de radio. Licenciado en Literatura Hispanoamericana por la UAGro y Mtro. en Lingüística Indoamericana por el CIESAS. Coordinador de la serie digital: *Xochitlojtoli/Poesía en lenguas originarias de México* en *Círculo de Poesía. Revista Electrónica de Literatura*. Autor de los libros: *Tlalkatsajtsilistle/Ritual de los olvidados* (2016), *Nosentlalilxochitlajtol/Antología personal* (2017) e *Istitsin ueyeatsintle/Uña mar* (2019). Coordinador de dos antologías poéticas: *Xochitlajtoli/Poesía contemporánea en lenguas originarias de México* (2019) y *Flor de siete pétalos* (2019).

CHILTONTSITSINTIN

Yakaj tej nechkuitlapanuia,
kueyechiuaj noneyajmankayo.
Chika ipan on kojtsintle
chiltontsitsintin nijiyanaj,
kampa ipan nomauan
uajpontok mikilistle.
Kemaj tlanemiliaj niman noyej nechtlajtlaj,
nechitaj ken niueyemoyotl uan teyespipina,
chichetetlauel uan kintlantsejtseloua okse ikniuan.
Nechitaj niman papatlakateuaj
kampa xkimatej tla ipan noyoltsin,
uajponti se xochitl yektle noso se kuchiyoj.
Yekimastokej kampa najua, xtla nikiknelia,
niuele niktoloua kauitl niman nikintlatsia tepasoltin.
Yekimastokej kampa najua nikpajtsia atsintle,
nikinuiuitla kojtsitsintin niman nikintoka temej.

Nokuitlapan ompa uajlo notelpotsin,
san se toixtololojtsin,
san se tomatsin,
noijke tlakemej ken najua niman on tototsitsintin,
notlankikitsnotsaj niman youej cholojteuaj,
ken kana tlatsintla nojuitijtok se gavilan
noso tejkuixtokej kouamej ipan on makojtle.

Tlinon yotikchijkej niktlajtoltsia notelpotsin
kampa mojmostla, ye noyej titlachaj
ken on tlakamej uan temiktsianej.

PÁJAROS ROJOS

Hay sombras que persiguen mis pasos,
días pálidos que nutren mi desánimo.
Pájaros rojos que se esconden
entre las ramas,
porque en mis manos
solo se distingue la muerte.
Piensan o no piensan pero me miran con sospecha,
ven en mí a un gigante insecto chupasangre,
perro de dos patas que descuartiza a otros.
Miran y huyen a lo lejos
porque no distinguen la flor
o el cuchillo posado en mi pecho.
Saben que soy un asesino por antonomasia,
carnívoro del tiempo y destructor de nidos.
Saben que soy ese que envenena la vida,
que arranca árboles y siembra piedras.

Dos pasos atrás miran a mi hijo,
los mismos ojos,
las mismas manos,
la misma ropa y otros pájaros
se gritan unos a otros y todos huyen,
como si un gavilán caminara bajo esa sombra,
como si esas ramas fuesen serpientes hambrientas.

Qué hemos hecho, le pregunto a mi hijo,
que cada vez más
nos parecemos a tantos hombres.

KEN TETSITSINTIN

Nikneke niteixpantilis kenejke amo kuajle nichantitok
Nikijtos kampa nikan tej xokuele kualtsin tichantis
Kampa niknekisia yamok ninomojtis
Yamok nikimakasis in ojtin kampa youejka nipelotajtejteliksaya
niman aman xok niuele kampa ipan ojtle sa xinej tlakamej
Ken se tetsintle xokuele itla nikijtoua
maske noyolpakilis melauak tlatlatok melauak palantok

COMO LAS PIEDRAS

He de describir mi realidad descuartizada
Decir cuán injusta es la vida en este pueblo
Alimentar mis miedos con pedazos de esperanza
Despreciar estas calles donde un día jugaba con porterías de piedra
ahora sustituidas por hombres acribillados
He de callarme como las piedras
congelar tantas realidades que pudren mi alegría

VERÓNICA G. ARREDONDO

Foto | Alejandro Ortega Neri	Guanajuato, 1984

Doctorante en Artes por la Universidad de Guanajuato, maestra en Filosofía e Historia de las Ideas por la Universidad Autónoma de Zacatecas. Obtuvo el «2020 Pub House Press» International chapbook manuscript competition de Québec, el Premio Nacional de Poesía Ramón López Velarde (2014) y el Premio Dolores Castro de Poesía (2014). Becaria del programa Jóvenes Creadores del Fonca (2017-2018). Beneficiaria de la categoría Creadores con Trayectoria del PECDA Zacatecas (2019). Autora de *Damas Errantes* (Policromía-IZC, 2019), *Ese cuerpo no soy* (UAZ, 2015), *I am not that body*, traducción de Allison A. de Freese (Pub House Press, 2020), *Je ne suis pas ce corps*, traducción de Élise Person (RAZ Éditions, 2018), *Verde fuego de espíritus* (IMAC, 2014); del ensayo *Voracidad, grito y belleza animal: La condesa sangrienta, de Alejandra Pizarnik y Los Cantos de Maldoror, de Lautréamont* (UAZ, 2015).

[AL AIRE EL CUERPO DUELE]
FRONTERA: DESIERTO/MAR

Yo tampoco escogí venir a esta playa de cactáceas
y luciérnagas voraces
ni escogí andar descalza con la aridez rasgando
mi rostro

En este desierto de flor inmarcesible
todo yace aquí fosilizado

Atrapaba estrellas fugaces y piedras para lanzar
al infinito

Yo no quería venir a este matadero
donde cuerpos navegan bajo tierra o boca abajo
en el mar

La playa es un paso en falso:
    al fondo
una fila de rocas

Dirán que fue suicidio

Me arrebataron de la tierra sin ser mi tiempo
Alguien vino hacia mí con la marea violenta
penetrándome cada costa del cuerpo

Alguien me dejó por pezones dos caracolas abiertas

De este mar sangre de mi sangre
vuela un pájaro esquelético a postrarse en el corazón
de los míos
Esperaré despierta con el rumor del aleteo en cada
piedra

Alguien:
cuando los alacranes me suban por las piernas
quizás encuentren tu torso mutilado en la arena

TRES POEMAS EN UNA CAJA CON NIEBLA

> yo vi tu atroz escama,
> Melusina, brillar verdosa al alba,
> dormías enroscada entre las sábanas
> y al despertar gritaste como un pájaro
> y caíste sin fin, quebrada y blanca,
> nada quedó de ti sino tu grito.
>
> Octavio Paz

I

Tengo miedo de decirle a mi madre que vivo contigo
que todas las mañanas el sol entra por el tragaluz
y tu sonrisa se refracta
en el blanco de la tarja en la cocina
en tu camiseta sin mangas
en tu ropa interior
el rocío se instala en la punta de los helechos de tu cabello

En esta ciudad las casas enmohecen
vivimos en el centro
(nadie lo sabe)
en una cueva de musgo y de niebla

Hace tres días no para de llover
agotamos las cubetas y el reciclaje de tus últimas reuniones
para salvarnos de la inundación
Debo llamar a mi madre y decirle que vivo contigo
no llegaremos a fin de mes
la filtración de agua (no está cubierta en el contrato)

No le diré ahora
que tienes tres *piercings* en el rostro
que no has atinado en escoger a un buen tatuador
y que su única hija dejó de salir con el contador de su padre
Tengo miedo que sepa que eres mujer

Me miras fijamente y me dices:
"Para desayunar, hoy disponemos de la colección
    de cactáceas y suculentas
que está sobre la nevera"
Tú sabes que prefiero comer los helechos de tu cabello

II
Ina, MiNina, mi niña polilla, Melusina, Nina
Como quien llama por todos tus nombres a su mascota para
    ofrecerle afecto
pronuncio el tuyo, felina, para verte aparecer en nuestra casa vacía

III
en la madrugada
tenías los ojos abiertos a la noche
te vi soñar
recostada
abrazando tus piernas
el centro de una rosa
o el fondo de un caracol
murmurabas tu sueño
tus palabras   bocanadas
tu lengua   niebla

despierto
la ventana abierta
olvido tuyo o mío
nada más me queda el rocío de tus manos y el aire de tus ojos

EDGARDO
MANTRA

Foto | Liborio Tinajeros

Guerrero, 1984

Poeta y editor. Estudió Sociología en UAM-X. Algunos de sus libros son: *Insert coin* (Niño Down Editorial, 2016), *Gusano de acero* (Son del Barrio, 2017), *Mientras sepan que hay cocaína* (Corazón de diablo, 2020; Aletheya, 2020), *Mercado sobre ruedas* (Go, 2020). En 2018 grabó el LP: *Absurdo patético* y en la actualidad construye el libro objeto: *Ganando como siempre*. Parte de su trabajo se puede encontrar en publicaciones como: *Revista Innombrable, Cebollas agrias, Círculo de poesía, El Septentrión, La Mula, PUF!* y *Cracken*. Es ganador del Premio de Cuento Universitario Elena Garro 2016. Director de Mantra Edixiones y miembro del comité editorial 51GLo V31NT1Dó5. Es uno de los organizadores de la Feria del Libro Independiente de Tenochtitlan.

HIEREN LOS HUESOS

La cría más débil de una camada
es la última en nacer,
suele ser pequeña
y enfermiza

la vida no le sonríe,
eso lo sé

algo me quisiste decir

con tu mirada
y abrazos bajo las cobijas

la noche que me curaste
con jugo de verduras enlatado
y una maruchan,
cuando fumaste con mis amigos del tianguis

o la ocasión que fuimos
a los pulques en una vespa
y dijiste que te daba miedo ir en motocicleta,
cuando nos sacamos fotos
o al cocinar en la casa llena de humo,
cuando reías fuerte
y sospechabas que podrías despertar a Manuel,

con tus gemidos
esas veces que traías, dejabas o te llevabas ropa,
cuando pintabas caras en una pared de Mayorazgo

o al verte caminar de Garibaldi a Ermita
con la mochila llena de drogas
entre prostitutas
y policías,

sin miedo, con la vena hinchada
de tu frente palpitando orgullo,

cuando no te enojaste después
de que destrocé tus botas,
cuando me acariciabas
siempre que venías de tan lejos a verme

cuando te vi vomitar y te besé,
esa vez
que pusimos las lenguas en el ojo
uno del otro,

cuando tocaba con mi nariz tu barba
y la vez que lloraste al poner una canción,
cuando perreaste un poquito al escuchar otra

y sobaste mis patas
al lamer la herida que tienes en la axila

luego de lanzar una pelota
que se olvidó bajo la cama
tal vez

fue ese momento cuando
intentaste anunciar algo,

pero no comprendí si floreció
un pacto
o una orden,

aunque me desdoble entero,
la verdad
me cuesta tanto,
no lo entiendo

algo intentabas decir
y ese algo me gustaría
no fuera una confirmación
de lo efímero

porque
soy un animal
que ya no es bravo

indeseado

en esos sitios
donde quise hacer hogar
o familia,

algo

me quisiste hacer saber
y no logré descifrarlo

aunque no importa,
porque de las cosas
que también sí sé

es

que el abandono

te regala
su promesa de amor
con una patada en el hocico.

QUIERO HABLAR DE COSAS

Septiembre es un mes culero | recuérdalo rencorosamente Rosaria | y nunca olvides los besos de Tin Tan con Silvia Pinal en Peralvillo | Culhuacán: MALO | billetera vacía | Cuauhtémoc Méndez y la nota roja | sonriendo con lencería de encaje | con ganas de no estar fragmentada | ni averiada como el órgano de Roberto Bolaño | con la moral de hermana | ¿Y los pies? | A medio metro del suelo de Marco Fonz | El ojo morado por la madriza que me puso con su técnica de grulla Sergio Loo | Rasgada por animales famélicos y automóviles salvajes al acecho de Mario Santiago | El animal citadino que brama en los cinturonazos de mi abuelo | viéndote patinar en los bowls de Cabeza de Juárez | haciendo un tatuaje y zumbando [el sonido de las llantas de tu SK8 y la máquina de tatuar son inconfundibles] | Pintas una barda con "intención poética" y sólo se te ocurre un verso de Juan Gelman | máxima aspiración de grandeza: una orden de tacos para compartir | la tamalera hablándome de amor | y el tortero diciendo qué es lo que le conviene a una mujer | Los vagabundos que hacen simulaciones de casas en las avenidas | los indigentes frente al teatro Blanquita | los alcohólicos libros de José Francisco Zapata | el reptar de José Luis Colín | el piropo en 6 idiomas que intenta decir lo mismo | No me sonrojan tus indiscreciones | La nostalgia por Ramón Méndez | el oficio de la prostitución | hipocresía en el tiempo | el amor no está en el aire | malditos sean los detectores de billetes falsos | orinamos juntos en la calle | toreamos los ruidos furiosos de sementales autos deportivos | robamos libros | comemos con los tlacuaches ladrones | Tus botas Dr. Martens color vino | Ven a mí, amarres chingones y otros arrobamientos | Damas finas en sandalias |

¿you win? | el deseo lascivo de mi abuela que se encuentra en cama | apuesto esta vida y otras más a que piensa en otras camas | otros tiempos | y joder con 500 diferentes hombres ricos en vez de recibir una inyección de BEDOYECTA | las tortugas verdes en los ojos de mamá | Pócimas, tarot y recetas de cocina en DEFE con los vientos fríos de los días de sol y aguaceros fieros | Una visita al festival donde me rodean muchos Bukowskis [no por poetas, sino por borrachos... tomando en cuenta que Bukowski no es un verdadero poeta] | y a ti, te perdono el último aborto sólo por ser [José Emilio] pacheco | breve antología patética que se sostiene de un puñetazo de besos | Al hijo del diablo le dicen así por permanecer joven | siempre tendrá 23 años | los poetas malditos me negaron ser maldita | ahora hago textitos largos de superación personal | y le doy gracias al universo | Muchos amigos murieron por odiar y por drogadictos | pero fue más por el odio | las drogas son un buen placebo para sobrellevar la realidad que es muy puta | los poetas muertos me niegan el derecho a suicidarme | Firmé una carta romántica con la sangre que escurre de mi axila rasurada | y canté una canción sí correspondida | mi sexo tiene un tatuaje con aroma a todos mis amantes | rasca y huele | mi suavizante de tela es de aroma a: humedad | Soy muy fuerte | Es una pésima noticia saber que el karma es un puñetazo que yo lancé en tiempo pasado para darme una lección de humildad en el futuro | la CDMX es un cocol volando igual de bonito que tú y yo cuando nos decíamos: ¡para siempre! | Y sube | sube | sube lo más alto que es posible | pues de eso se trata el juego | para luego ser cortado el hilo de un momento a otro mientras todas corremos para salvar nuestras vidas | Mandando a chingar a su padre a todo México | cada vez que alguien quiere secuestrarme, matarme, disolverme en acido para que no existan pruebas, pero antes de toda la fórmula violarme [–Luna *dixit*–] | En este mi país que convulsiona a través de mis chichis mutiladas cada noveno mes que para mí y los familiares de muchos otros resulta ser un bodrio.

MIGUEL ÁNGEL
ORTIZ

Durango, 1984

Autor de *Huevo de avestruz* (e-book/2017), así como coautor de *El vicio de vivir. Ensayos sobre la literatura de José Revueltas* (2014). Ha publicado, además, *El cuaderno de las resignaciones* (Premio Nacional de Poesía Joven Elías Nandino 2005), *Milagros para una tarde de lluvia* (Premio Nacional de Poesía Carmen Alardín 2007) y *Funerales que jamás las brujas* (Premio Nacional de Poesía Amado Nervo 2008).

VAHO

En la sierra, los caballos rompen el hielo que cubre los estanques. Golpean y golpean, meten su hocico y toman el agua enjaulada por el témpano.

Luego, el vapor sale de sus ollares y se vuelve otra vez nubes.

Yo soy un caballo que golpea contra el hielo de los meses, y busca tomar el agua para regalártela, para que el cielo completo te acompañe.

CORDERO

De mañana,
la camioneta de mi padre.

Un viaje y la luz
caen sobre todos
y nos envuelven.

Atrás de la camioneta
voy como un caballo:

toda la vida
se vislumbra desde allí.

Alguien coloca
un cordero
en mi corazón,

minutos
que no son un poema,
pero lo son.

                                   O bien:

De mañana,
un viaje y la bruma
caen sobre todos
y nos envuelven.

Nos persiguen
las nubes oscuras,

palabras
que no son de hielo,
pero lo son.

O propiamente:

De mañana
salimos en la camioneta de mi padre
a buscar
-allá lejos-
algo de comida.

Antonio Aguilar
canta un corrido
sobre caballos.

Yo tengo diez años
y un corazón.

LEONARDA
RIVERA

Foto | Karl Fricke   Michoacán, 1984

Poeta y ensayista. Es doctora en Filosofía por la UNAM. Ha publicado tres libros de poesía *Deshojal* (SECUM, 2010), *Música para destruir una ciudad* (FETA, 2015), y *El cazador sueña un león herido* (Ediciones Simiente, 2019). En el 2014 seleccionó la muestra "Poesía Joven de Michoacán" para la revista *Punto de Partida* de la UNAM. Ha publicado en diversas revistas nacionales e internacionales. Directora fundadora del Encuentro Nacional de Poetas Jóvenes Ciudad de Morelia (con cinco emisiones).

CONTRAÉPICA (VERSIÓN 7)

Debo confesarles que nombré cientos de veces esta ciudad
cuando no la conocía/ Cuando toda ella era sólo un
    hermoso nombre
doblado en cientos de papeles

Debo decirlo como si estuviera a punto de acusarla de algo
    muy grave
o como si la fuera a dejar por siempre

Y sin embargo esta tarde no encuentro el tono exacto ni el
    coraje suficiente
para decir lo mucho que me duele el peso de su aire
la extensión de su cielo   cada una de sus calles

Esta tarde quisiera destruirla en un acto de venganza
con la furia y la fuerza de ese antihéroe que no soy

Quisiera decirles a todos ustedes que el libro que la nombraba
    ya no existe
Que ese libro escrito en trece versiones quedará inédito
para siempre
y cada versión será sólo
un fragmento de mí retornando a la misma ciudad
a veces bajo el sol de mayo
otras
bajo las lluvias inhóspitas de invierno

Conozco la entrada a esta ciudad
como quien conoce la malla que divide el vacío
y   sí
Odio esta ciudad
Odio sus veinticuatro meses jaula
sus quince días de octubre
sus sombras que trasmutan en falsas sonrisas
que cuelgan de un ala
que se despliega durante todo el mes de junio

Si hubiera tenido el valor suficiente la habría destruido
Y junto a ella tu nombre de pocas letras
habría ardido veinticuatro grados de furia
Tu falso nombre
Tu falsa sonrisa

Pero he aquí que este personaje
ha perdonado a la ciudad y te ha perdonado a ti

Las palabras me han revelado un secreto:
la fuerza que destruirá la ciudad emana de ella misma

Las palabras me han revelado otro secreto:
la fuerza que te destruirá
ya está en ti desde hace mucho tiempo…

EL ABISMO DE LOS PÁJAROS

A esa hora en que todo espera a ser nombrado
un pájaro oscuro alza su vuelo,
y seguro de sí mismo
abre sus alas
y con una sola pluma desteje a la noche,
haciendo que de ella broten
imágenes verdaderas,
y nadie sabe
si es el verbo el que hace que las piedras canten,
o si es el pájaro oscuro el que se hace piedra
al perder su vuelo.

Y de repente todo se queda en silencio,
como si nos hubiéramos olvidado de nuestros nombres,
como si el pájaro oscuro se los hubiera comido.

Después de un largo silencio
algo queda flotando
en el centro de la noche,
algo que se levanta y se detiene;

de pronto el viento cambia de dirección
y el pájaro detiene sus alas
y vuelve a ser hombre.

ROBERTO
AMÉZQUITA

Foto | Edith Cota

Ciudad de México, 1985

Poeta, ensayista y traductor. Es editor asociado de *Círculo de Poesía. Revista Electrónica de Literatura* y de los sellos editoriales Visor Libros México, Valparaíso México y Círculo de Poesía Ediciones, de los que además dirige los trabajos de distribución. Es autor de *Yámbicos de escarnio y maldecir* (2016) y de *Notas de cata* (2010), merecedor del Premio Nacional de Poesía Luis Pavía 2010. Traduce poesía del alemán, francés, inglés, noruego, neerlandés, entre otras. Traducciones suyas han sido publicadas en las antologías *Sólo una vez aquí en la tierra. 52 poetas del mundo* (2014), *Una soledad de cien años. Poesía china 1916-2016* (2016), *Poesía dejada atrás de Ko Un* (2018), *Shérdi y otros poemas de Sujata Bhatt* (2017), entre otras. Ha sido invitado a diversos encuentros nacionales e internacionales de poesía y participa en las reuniones del grupo *Ultimus Joculatorum* en la Moment House. Fue becario del Festival Interfaz-Issste 2014.

Me veré en la banqueta lo recuerdo
más nítidamente
que si fuera cierto.
Me deslumbra una hogaza, joya en la vitrina,
busco un tercio de fierros en la bolsa
pero ahí sólo brilla la gema del hambre.

Así lo veo o así lo recuerdo el día de hoy,
con azúcar dispersa en el plato de mañana,
pienso entonces el pan que no comí,
y los veinte minutos
en que fijos los ojos hasta hoy, no supe
si la panadería o jamás
si hogaza y pan y si hasta ahora en la vitrina,
o si no puedo ya probar el pan del sueño
sino remojado tristemente
en el agua corrupta de mi propio engaño.

Y YA una vez afuera:
Mi triste corazón de bestia desarticulada
tanto cuidarme para dejar
que le entren todos los desiertos
todas las piedras ávidas, las nubes
solamente pútridas, las nubes.

De siempre ha sido dura la intemperie
pero ¡ah! la raza humana tan vencidamente invencible,
qué caparazón de antigua melancolía
qué leve es el espíritu en la errante incertitud,
para aguantarlo todo, para sobreponerse
como hace en esta tierra cada cosa
desolada y floreciente.

Así hace el corazón de los hombres como flor amarilla
debajo de cien kilos de concreto en la banqueta
sabe ser la grieta y salir al Sol y ser
y estar luchando.

Durante el desahucio los ojos se transforman
se vuelven esmeraldas de la ira
tanto dolor que ya no duele
—pero y la mirada—,
la mirada en despojo no se olvida,
no hay tiempo que la borre, los ojos subvertidos
elevan estandartes de punta en óxido
y abandonan el cuerpo, y dejan su marca
ineludiblemente catastrófica

¡Ah! pero si habláramos del cuerpo
qué sería del cuerpo, los brazos
las piernas, el abdomen, la cabeza,
no.

El cuerpo que al principio todo lo sintió no siente nada ya,
el frío, el hambre, las ganas todo suspende,
cualquier casa, cualquier debajo un puente, parque, rotonda,
camellón, parece acomodo para casa nuestra,

pero no.

DIANA
GARZA ISLAS

Nuevo León, 1985

Autora de *Caja negra que se llame como a mí* (Bonobos, 2015), *Adiós y buenas tardes, Condesita Quitanieve* (El Palacio de la Fatalidad, 2015), *Catálogo razonado de alambremaderitas para hembra con monóculo y posible calavera* (Conarte, 2017) y *En el fondo todo poema es yo de niña mirándola* (La Cleta Cartonera, 2018).

LICORES VÍTREOS

Un día eran horda blanca, azul me suscitaran no el entrepié o sordo ulular de *conefluvio denominado aluminio*, y no en torpor de *mirlo*, dice aquí.

Míralo: si ruiseñor sí, alondra ruiseñor.
$\qquad\qquad\qquad\qquad\qquad\qquad$ Y desalméndrase.

Días después de *si mi nombre fuera mío* llegó así, untado de sandalias, oro lacio. Y siempre exenta abre una voz donde encendimos —no a los grillos, un embrión de grillo en una copa que quebré con una llave.

$\qquad\qquad\qquad\qquad\qquad\qquad$ O de una caja brota luz:
Hay un jardín en el jardín.

Y de respirar para omitir un aerolito, cogió lodo. Cogió agua de uvas y de vid y lo vi en imperativo, no llovía: tres hombres en pijama arden el estanque. Se llamaba Alondo, se llamaba Zacarya, se llamaba Harlodt, y no querían lunas en la cara y no querían licor de menta y no querían haikus. Si yo dibujara algas en mis muslos por dar piernas al poema esto se leería *elefante* o *liquen* o *ave a cuatro cajas* o *toros muertos en aldaba atroz*.

Pero era tarde ya. Y eran niveles de agua marcados en piedra con pinceles de fosfeno. Eran color simetrizando eras. O una garza en la costra del estanque que me mira y sé que soy la puerta del mamut, tampoco ámbar.

$\qquad\qquad\qquad$ *Siempre exenta, siempre rutilante.*

*

Hay un ruido rojo. Hay un ruido rojo, decididamente. Cyan magenta es cianuro de tus manos. Magenta yellow es imán bebí. Y beber es cuenca y significa. Y significa es mandíbula que cae.

[Pero esto es un anzuelo. Pero esto no es el fin del mundo.]

La caja era una caja de cerillos, sol magenta. Nubes no en países o cerebros camuflando *cajas de cerillos*.

*

O si escribir era jaguar adentro la escalera un niño cantan cajas verdes al oído del soldado desde el lodo: *Tengo sed*. Tengo sed y muerde el lóbulo. Un cocodrilo ríe, sí, pero nadie que dijera: *Es tu medalla o fruta o fruta la medalla al sol*.

[*Lícores vítreos, dije sí.*]

Y dije el crepúsculo y los kioscos. Y dije en alud y en refrendar. Y dije letras esculpidas en hielo a contrasombra, pero dije es animal infiel, duerme infinito.

Y no es ojo de tigre ni jaula con bolsitas.
Y no ni leche de oro encadenada al oro.
Ni pedazo de ojo.
Ni pedazo de.

Y no es ojo de tigre o vendaval permeable.

Ni proa boreal que aureolas flúor licuarían
al reverso de alas verdes en las alas

si fósforos así
y trasminan lácteos

yemas de *algidizan en la lumbre de una i.*

KAREN
VILLEDA

Foto | Tom Langdon

Tlaxcala, 1985

Ha publicado cuatro poemarios: *Dodo* (FETA, 2013), *Constantinopla* (Posdata Ediciones, 2013), *Babia* (UNAM, 2011) y *Tesauro* (FETA, 2010); tres libros de ensayo, *Agua de Lourdes* (Turner, 2019), *Visegrado* (Almadía Editorial/INBA, 2018) y *Tres* (Cuadrivio Ediciones, 2016); y dos libros para niños, *Pelambres* (Pearson, 2016) y *Cuadrado de Cabeza. El mejor detective del mundo o eso cree él* (Edebé, 2015). En 2015 participó en el Programa Internacional de Escritura de la Universidad de Iowa y en 2018 fue escritora residente del Vermont Studio Center. Entre otros reconocimientos, obtuvo el Premio Nacional de Literatura Gilberto Owen 2018, el Premio Nacional de Poesía Clemencia Isaura 2016, el Premio Nacional de Poesía Joven Elías Nandino 2013, el Primer Premio de poesía de la revista *Punto de Partida* 2008 y IV Premio Nacional de Poesía para Niños Narciso Mendoza 2005.

1. A ELLA la encontraron con una maraña de sus rizos entre los dedos.
2. Algo o la distancia de algo. Alguien y una cuerda y, y, y unos dedos que la prueban. Su materialidad ni tan única.
3. Un pinche conjunto de hilos o algo.
4. Algo y alguien busca una definición. "Los hilos formaron un solo cuerpo con ella".
5. Fue tan flexible esa cuerda. Se ataría y "es como si estuvieran tocando la puerta donde ella se ahorcó".
6. "Una cuerda también sirve para jugar". También sirve para atarla a ella, para suspender su peso. Salta y resalta.
7. Es un hilo también. Hay un sonido que produce por vibración. ¿Cómo habrá sonado ella en lo último?
8. Esto es lo que dice un diccionario: "f. En los relojes de péndulo, cada una de las cuerdas o cadenas que sostienen las pesas".
9. Una cuerda también es una sucesión.
10. Una cuerda también es una medida. Y una talla. Y un conjunto de personas: cuando decimos que "son de la misma cuerda". ¿Y ella?
11. Algo y alguien, ella y su cuerda. O una línea de arranque.
12. El mismo diccionario señala lo siguiente: "f. Fís. Objeto unidimensional básico en la teoría de cuerdas".
13. Todo es femenino hasta ese segmento recto que la unió a ella con la muerte.
14. No quiero hablar de la música. Escribir aquí "instrumentos de cuerda" es un lugar común. *Pero es que ella se la pasó cantando esa canción un día antes.*
15. Una cuerda también puede ser un tendón. O un nervio. O un ligamento. O algo. Algo que la mató.
16. "Ella le dio cuerda".
17. ¿Cuál de todas las cuerdas elegiría? Una cuerda de presos. Cuerda dorsal o el notocordio. Una cuerda falsa. En cuerda

floja. Una cuerda sin fin. Cuerda vocal. Tormento de cuerda. Trato de cuerda también. Bajo cuerda. Contra las cuerdas. Echar una cuerda contra ella misma. Una cuerda sin cordura.
18. Algo, alguien y algo como simplemente una cuerda.
19. Un pinche conjunto de hilos que la mató.

DESPERDIGO LUTOS

Desperdigo lutos en la insolencia del herbaje alegando el nombre de la penumbra: Babia. Aquilato cada fisura en la clepsidra. *Se humea el ramalazo del acebo.* Pernocto la mirada (aparente alianza) sobre cernícalos de plata viva. *No cabe la oropéndola en el pecho.* Se malogra el rudimento de la espera. Es temporada de borrasca, los frunces del poniente demuelen artículos de fe.

ELISA **DÍAZ CASTELO**

Ciudad de México, 1986

Ganadora del Premio Bellas Artes de Poesía Aguascalientes 2020 por *El reino de lo no lineal*, del Premio Nacional de Poesía Alonso Vidal 2017 por *Principia* y del Premio Bellas Artes de Traducción Literaria 2019 por *Cielo nocturno con heridas de fuego*, de Ocean Vuong. Con el apoyo de las becas Fulbright-COMEXUS y Goldwater, cursó una maestría en Creative Writing (Poetry) en la Universidad de Nueva York (2013-2015). Primer lugar del premio Poetry International 2016, el segundo lugar del premio Literal Latté 2015 y semifinalista del premio Tupelo Quarterly 2016. Poemas suyos aparecen en *Letras Libres, Hispamérica, La Revista de la Universidad, Tierra Adentro, Este País* y *Periódico de Poesía*. Su poesía ha sido incluida en las antologías *Fuego de dos fraguas*, *Voces Nuevas* y *Liberoamérica* (España). Ha sido becaria del programa Jóvenes Creadores del Fonca en dos ocasiones y de la Fundación para las Letras Mexicanas.

ESCOLIOSIS

En la búsqueda de la forma,
se me distrajo el cuerpo. Es eso,
nada más, asimetría.
La leve errata vertebral,
el calibraje óseo,
la rotación espinada. Es el hueso
mal conjugado.
Es una forma de decir
que a los doce años
ya se ha cansado el cuerpo,
que le pesa el aire
y su gravedad es otra.
Es la puntería errada de mis huesos,
la desviada flecha.
No es lo que debiera, mi esqueleto
quiso escapar un poco
de sí mismo. Se le dice escoliosis
a esa migración de vértebras,
a estos goznes mal nacidos,
hueso ambiguo.
A esa espina
dorsal
bien enterrada.

A los doce años se me desdijo el cuerpo.
Porque árbol que crece torcido, nunca.
Porque mis huesos desconocen
el alivio

de la línea,
su perfección geométrica.

Me creció adentro una curva,
una onda,
un giro
de retorcido nombre: escoliosis.
Como si a la mitad del crecimiento
dijera de pronto el cuerpo mejor no,
olvídalo, quiero crecer para abajo,
hacia la tierra. Como si en mi esqueleto
me dudara la vida, asimétrica,
desfasada de anclas o caderas,
mascarón desviado, recalante.

Mi columna esboza una pregunta blanca
que no sé responder. Y en esta parábola de hueso.
De esta pendiente equivocada. De lo que creció
chueco, de lado, para adentro.

Se me desfasan
el alma
y los rincones. Mi cuerpo:
perfectamente alineado desde entonces
con el deseo de morir y de seguir viviendo.

Si las vértebras, si la osamenta quiere, se desvive,
rota por no dejar el suelo, si se quiere volver
o se retorna, retoño dulce de la tierra rancia,
deseo aberrante de dejar de nacer

pronto, de pronto, con la malnacida duda
esbozada en bajo la piel, reptante. Tengo adentro
una serpiente blanca, un río, un manso
desnivel, un arrecife,
un reflejo de luna que tiembla, una banqueta
vencida por un árbol. Paralelamente. No es eso
no es
eso
no
eso no,
no es ahí, donde ahí acaba,
donde empieza el dolor empieza el cuerpo.

Si se duele, si tiembla, al acostarse
un dolor con sordina, un daltónico dolor vago,
si el agua tibia y la natación, si la faja
como hueso externo, cuerpo volteado,
si los factores de riesgo y el desuso,
si el deslave de huesos. Es minúsculo
el grado de equivocación, cuyo ángulo.
A los doce años se me desdijo el cuerpo,
lo que era tronco quiso ser raíz.
Es eso, el cuarto menguante,
la palabra espina, la otra que se curva
al fondo: escoliosis. Es el cuerpo
que me ha dicho que no.

HUBERT
MATIÚWÀA

Guerrero, 1986

Estudió la licenciatura en Filosofía y Letras en la Universidad Autónoma de Guerrero y la maestría en Estudios Latinoamericanos en la Universidad Nacional Autónoma de México. En 2016 obtuvo el Primer Premio en Lenguas Originarias Cenzontle, en 2017 el V Premio de Literaturas Indígenas de América (PLIA), y el Premio Estatal de Poesía Joven del Estado de Guerrero. Autor de los libros *Xtámbaa/Piel de Tierra* (Pluralia Ediciones-Secretaría de Cultura, 2016), *Tsína rí nàyaxà'/Cicatriz que te mira*, (Pluralia Ediciones-Secretaría de Cultura de la CDMX, 2017), *Las Sombrereras de Tsítsídiín* (INALI-Universidad de Guadalajara, 2018), *Cordel Torcido/Mañuwiín* (Universidad de Guadalajara, 2018) y *Mbo Xtá rídà/Gente piel/Skin people* (Gusanos de Memoria-Ícaro ediciones, 2020). Creador de Gusanos de la Memoria, proyecto cultural en el que colabora con otros artistas.

XNÚÚ ÑÒ'ÒN TSÍTSÍDIÍ

I
Gíjmà mùyàxin ló' ìjiìn gò'ò júbà
ná àkuìin ida,
ídò mbámbá narákhaa ru›wa
mo'ne mbàà ló' gíñá,
mù'gí ló' iduu ida
rí ma'nè xtédè rí myàxìi ajngúun ìjiàn ló',
mùxtrákha ló' nè ná ndáwò xuajin
ikajngó ma'thúún nè xàbò
rí brìyà' gà'kho inuu ñò'òn tsítsídií
numuu ìjìn tsí nàgumà ngínìin ènè xàbò dxá'an.

II
Nigánú ru'phu,
natuxiì yujndà'
ná naka rànújnguún xàbò
tsí ndu'ñíi wuaji',
á matángáà xó àbò› tsí jayá idxuu xuajin rá,
á maniñúú xó xtóó tsùdùù ìmbà ixè ida rá yè›,
á mbi›i magíwàn ná àphúùn
èjèn tsí ndú›ñíin rùdùún rá yè›.

III
Xó ma'ne gìgaà gu'wá
xí rígà rí tsíngíná,
naraxì minà'á xtángíñá
ídò nàndiyùù nè idi

ná rawuun mbàtsuun
tsí nagéwan mbi'ya ló'.

IV
Ídò na›ne wakhíí,
naganúu rí tsíngíná gàjmàá mbro'on,
xàbò tsí nùñawáán xuajen
nùxnáá xngaa ná nà'kà gixàà
tsí xó xùwán skunii ja'niì.

Ná xòxtuùn,
frígú itsí iduu àñà'
rí nambáñúú naxkoo gíñá xkè',
nùñawáan ñò'òn ru'wa,
khamí ndu'ñiìn xùkú tsí nundi'yoo
ná tsudùù gu'wá ida'.

Ná Tsídií,
gídà' ngù'wà ajngóo gixàà
ná rawuun ajuàn'.

LAS PLUMAS DE TSÍTSÍDIÍ

I
Hay que guardar en la palma
a las niñas de la Montaña,
en cada lengua de lluvia
vestir el viento,
sembrar de raíces los sombreros
y colgarlos en las mojoneras
para que cuenten a los caminos
la angustia de Tsítsídií
por el agua que preña a sus hijas.

II
Ha llegado
el otoño y las pisadas
levantan cuerpos
bajo el polvo.
¿Regresará la víbora
que carga al pueblo?
¿Se escamarán sus recuerdos en otra piel?
¿Se enroscará brillante
en las gargantas de los
hijos que buscan a sus madres?

III
¿Cómo calentar
el hogar si hay añoranza?,
pregunta el soplador

aventando la ceniza
para medir el tiempo.

IV
En las tardes se oxida
el presagio del olvido,
los centinelas
rondan la noche
donde viene el diablo disfrazado de perro.

En sus pechos
cuelgan ojos de venado,
cuidan a los pájaros de lluvia
y buscan en los techos
la voz de los augurios.

En Tsídií
hay silencios que se esconden
en el gatillo de un rifle.

MARCO ANTONIO
MURILLO

Yucatán, 1986   Foto | Kary Cerda

MFA en Creative Writing por la Universidad de Texas en El Paso y licenciado en Literatura Latinoamericana por la UADY. Premio Nacional de Poesía Rosario Castellanos (2009) y Premio Estatal de la Juventud en Artes (2015). Ha sido becario del PECDA (2009), del University Grant (2013- 2016), de la Fundación para las Letras Mexicanas (2016-2018) y del programa Jóvenes creadores del Fonca (2019-2020). Es Autor de los poemarios *Muerte de Catulo* (La Catarsis Literaria, 2011; Rojo Siena, 2013), *La luz que no se cumple* (Artepoética Press, 2014) y *Derrota de mar* (Jaguar Ediciones, 2019). Como antólogo fue coautor del libro *Casi una isla: Nueve poetas yucatecos nacidos en la década de los ochenta* (Sedeculta, 2015). Ha sido editor de la revista bilingüe *Río Grande Review* (2013-2015), parte del Consejo de Redacción de la *Revista de Literatura Mexicana Contemporánea* (2015-2016) y de la revista *Pliego 16* (2016-2018).

DISCURSO SOBRE LAS BALLENAS

Destrozada a golpes por los colores de la tormenta
un pedazo de madera de junio emerge
y extiende sobre el aire húmedo sus islas volcánicas
no quema este ancho mar, no quema la espuma que brota de la
    espalda, busca
sin embargo el silbo el canto el olfato el atisbo y luego el incendio
bajo las aguas: así es su amor
como cuando niños descubrimos lo poderosos que son los sonidos
    del mar
amor que pesa
en la nota que dejó hace días un ahogado y que ahora vuelve
a su extraño país monocorde, amor
la muchacha del muelle, preñada
la boca de historias y cuentos sobre grandes peces y mandrágoras
fue ella quien amó a todos extensamente
en el lento flotar de diferentes luces y profundidades
fue ella quien habló de las ballenas
manchas de petróleo que se hunden y ensanchan
las vocales del abismo
en el océano, tierras sumergidas en una sola mirada
una ballena, dijo mientras
se vestía, una ballena es todo el Mar
de los Sargazos, nadie sabe dónde habitan o qué lentitud
gobierna el pesado canto que extiende el oído sobre la superficie
para quien la divisa, la ballena es una casa
en medio del camino entre dos mares, la tierra y la lengua no son hogar
nido de pájaro en el mástil
es este oficio de hundirnos en el olor de la marea; ahora

que no escucho más, que no sueño los brazos de esa mujer de
 boca extensa
sé que no existen las ballenas
sé que esto que miro es sólo una enorme tabla del naufragio
 que es junio
pero en cambio existe ella y sus muelles
ella y su cuerpo
y su costa preñada en la que anclábamos por sus historias,
 las ballenas
no son casas en mitad del mar, ella sí:
arpones, pedazos de un coral madreperla
mascarones de proa, maderas de raros barcos, collares, oscuras
riquezas habían en su voz y sus labios como un húmedo y
 abierto almacén.

PROFUNDIDADES

Descenso al naufragio: la realidad apenas toca los pulmones del buzo, y los días del agua son más largos en la oscuridad de la madera. Allí abajo la luz pesa menos que el alma de los muebles sumergidos. Una mujer de ébano, desnuda, sin carne, es llama inmóvil, los peces se arremolinan en sus ojos, sólo de esta forma pueden cerrarlos. El buzo le habla de un país donde el aire es como el agua, y la luz resiste a la memoria; pero la mujer, eternamente sincera, no logra escuchar más que la respiración, el profundo oxígeno de los minutos.
Nada turba la quietud de este instante. Digamos que una mujer dormida es un vaso que contiene toda el agua del mar.

RUBÍ
TSANDA HUERTA
Michoacán, 1986

Foto | Israel Gutiérrez

Historiadora por la Universidad de Guadalajara. Poeta, traductora y profesora de idioma purépecha en el Departamento de Idiomas de la Universidad Michoacana de San Nicolás de Hidalgo (UMSNH). Miembro de la Academia de Lengua Purépecha de la misma universidad. Forma parte del Consejo Editorial Ciudadano de la Secretaría de Cultura de Michoacán. Ha publicado tres poemarios bilingües. Su obra se encuentra en diversas antologías y revistas electrónicas. Es difusora de su lengua madre e imparte talleres de ceración literaria en Alas y raíces, en el programa Lenguas de nuestra Tierra; también produce y conduce el programa de radio *Kurhamukperakua*, radio cultural comunitaria Uandári, en la ciudad de Uruapan.

NONECHA

Juraxati t'arhé ambakiti, iójti mótsïtarakua
manakuaripuni eska akuitsï
tanapuni tsípekua ka tsanharikuechani
kúskasïndi, aiánkpipuni uinirapuni cheta,
uarhíkua jiskasïndi kanharikua jimini…
tsípikuasïndi ka jatsïrani sapirati ka k'eratichani
No mítini eska inde xanharhu enka pájka uanikua noteru juankuauati
nonema mítiasti, noksï mítperasti
no sesi niataticha cherauati, urhíriksï tsïtani, sïpanhati, p'amenchanhati o
uarhíkua kunharukuani
pínhasku jarhani, imajkusï jindeeti
¿Naksï jarhaski?
¿minharikuaskijtsï?
no minharikuparhini auándaruksï uandánhantati namakaksï nitamaka
o iurhíri enkaksï jurhajkutapajka
¿Ne kuajchakuasïni?
Jirhíkuariatiksï echerirhu ka noksï xarajkamati
Naná echeri jarhoatauati mitaparhini imeri mintsïta, patsáuati
Oksï jimá mintsïkuarintati, ¿Néesksï?

LOS NADIE

Se va acercando el tren de la muerte
como serpiente hambrienta
en sus paradas va recogiendo ilusiones y sueños
es la muerte misteriosa que se disfraza, les sonríe para llevarlos
    por inhóspitas
travesías, un viaje sin retorno para muchos
riesgo de enfermedades y epidemias
riesgo de robos y balas
riesgo de muerte, miedo, miedo…
se suben muchos, se suben miles
nadie los conoce, entre ellos tampoco se conocen
el silencio su mejor aliado
¿De dónde son?
¿los conocen?
Sin rostro, los astros son los que darán testimonio o la sangre que
    fueron dejando
enemigos del camino causarán miedo y sangre o un encuentro con
    la muerte
¿Quién los cuida?
Camuflajeados la tierra los esconde
La madre tierra los ayuda abriendo corazón y vientre
Ahí encontrarán su descanso ¿Quiénes son?
Nadie sabe

SÏRURI

Sirúriskarhini uandakuecha jinkoni
Niaraskari juchiti éjpurhu
Exeskakini tsïpani ka uauaruni uanikua uéxurhinichani
tzintzuni jurhasïndi tsípechsïndikini ka t'uri isi uekani
matoriskarhini eska sïrúkua
jamberiksï majku ukuarhintaska
nandiri exepi eskajchi
jucha no majku jasï sïrankua pasïrempka

PASIONARIA

Tus palabras se enredaron en mi cabeza
Llegaste a mi pasionaria
Muchas estaciones te vi florecer y deshojarte
viene el colibrí y te dejas seducir
como una hiedra me has envuelto
hasta hacernos uno
aunque sabías que no llevamos la misma raíz.

Foto | Tania Valdovinos

LUIS **FLORES ROMERO**

Ciudad de México, 1987

Licenciado en Letras Hispánicas por la UNAM. En 2009 ganó el Premio de Poesía Joven Jaime Reyes, otorgado por la UACM, con el poemario *Gris urbano* (publicado en 2013). Fue becario de la Fundación para las Letras Mexicanas (2010 y 2012) y del programa Jóvenes Creadores del Fonca (2015-2016). En 2016 publicó su segundo libro, *Sonetos ñerobarrocos* y ganó el Premio Nacional de Poesía Joven Salvador Gallardo Dávalos, con el poemario *Lotería del baladro* (2017), en 2017 el Premio Nacional de Poesía Ramón López Velarde con el libro *Estación gentuza* (2018) y en 2020 el Premio de Poesía Enriqueta Ochoa con el libro *Archivo grave*.

COMPARTE UN EDICTO PARA LOS BUSCADORES DE CONCURSOS LITERARIOS

Convocatoria de poesía. Premio.
Podrá participar el más iluso,
el masoquista, el más mamón, incluso
el borracho, el quejoso y el abstemio

(en fin, todas las bestias de este gremio).
Enviar un libro inédito y confuso
a: Premio Regional "Divino Muso",
Casa de la Puñeta y del Bohemio.

Un texto digital más tres impresos.
Quien triunfe, deberá ceder su obra
(si usted perdió, no chille ni nos hable).

Flor natural y un monto de cien pesos.
Si el poeta no asiste, no lo cobra.
El falo del jurado es impelable.

TANYOREO

Mírenlo: qué solo. Tan solo como él solo,
sin ser el alguien de un algún. El pobre está
siamés de su persona propia, ceñido en autoesquema,

parado en sus suspiros. Ni cómo rescatarlo,
ni que estuviéramos en asamblea para
defender al tú del yo. Reconozcámoslo:

nos enroscamos porque padecemos un
carácter insular, noctambulamos solitontos
y del prójimo nos exprimimos. Cada quien su yo:

cada quien su quien. Partículas hasta el hartazgo,
monótona pululación del ensimismamiento:
siempre el mismo tono, siempre el mismo mismo.

La soledad es un pastel común comido aisladamente:
cada quien su rebanada: cada quien su nada.
¿Qué se puede hacer?, ¿nacer en multitud?,

¿cosernos hasta ser maraña de cartílagos? Pues no,
señores, no se puede. Mírenlo: qué solo;
dejen que se pare separadamente del demás,

se ponga a yoizar en sus llorosas mismidades,
a palpitar su yo, su sí de sístole a diástole
bien cobijado en su pecho muy suyo. Somos

nada más un idiolecto irrepetible. Ya será otra cosa
cuando tú me palpes la tristeza del ustedes,
y el ustedes se nos cure tu melancolía mía.

ESTHER M. GARCÍA

Chihuahua, 1987

Licenciada en Letras Españolas por la Universidad Autónoma de Coahuila. Autora de los libros de poesía *La Doncella Negra* (La Regia Cartonera, 2010), *Sicarii* (El Quirófano Ediciones, 2013; IMCS, 2014) *La Demoiselle Noire* (Babel Cartonera, 2013; Kodama Cartonera, 2015), *Bitácora de mujeres extrañas* (FETA, 2014), *Mamá es un animal negro que va de largo por las alcobas blancas* (UAEMEX, 2017), *La destrucción del padre* (El periódico de las señoras, 2019); el libro de cuentos *Las tijeras de Átropos* (UA de C, 2011) y la novela juvenil *Confesiones de una booktuber* (Norma, 2018). Entre otros reconocimientos, obtuvo el Premio Nacional de Poesía Joven Francisco Cervantes Vidal (2014), el Premio Internacional de Poesía Gilberto Owen Estrada (2017) y el Premio Nacional de Poesía Carmen Alardín (2020). Traducida al inglés, francés, portugués e italiano. Fue becaria del PECDA Coahuila y del programa Jóvenes Creadores del Fonca. Es creadora del Mapa de Escritoras Mexicanas Contemporáneas.

PACIENTE: DOMINGA RUIZ
CAMA: 12
DX: ABORTO ESPONTÁNEO

Tengo dos hijos sujetos a mis manos
y tres tatuados en la espalda.
Tengo dos hijos con olor a leche
y a lavandas.
Tengo tres hijos que huelen a formol,
a sangre vieja, a dolor coagulado.
Tengo dos hijos dormidos
uno en el pecho; otro, en el regazo,
mientras tres cicatrices
despiertan a media noche
llorando a gritos.
Pellizcan mis vísceras,
hincan sus dientes transparentes
en mi útero.

LA DONCELLA NEGRA

I
Mi madre es como un perro rabioso
queriendo morder y destrozar
mi alma con sus rabiosas palabras
a mí
la benjamina
la enferma
la tonta
la rosa que no tiene pétalos sólo espinas

Mi madre es la gran niña con la hoz negra
la gran devoradora de pájaros
escupidora de aves tornasoles
masticadas por el gran diente fervoroso de la religión

Así es mi madre
—¿Verdad que sí doncella negra?—
Ni siquiera ha de imaginar
que orino miedo por las noches
pensando qué pasará cuándo ella muera
Ella sólo piensa "Dios mío Dios mío ¿porqué me habrás dado
por hija a esta estúpida
maldita
     malditita
          malditilla
pendejuela?"

Mi amor por ti madre
es una flor hecha de vísceras secas

II
Dime, mami,
¿dónde ha quedado
la palabra materna que lamerá con ternura
las heridas?

Mi madre es un pozo seco
y nuestras bocas han muerto de sed.
Toda palabra de amor ha encontrado
su muerte en este desierto
en que nos hemos convertido.

ZEL
CABRERA
Guerrero, 1988

Poeta, traductora y periodista. Egresada de la Maestría en Periodismo Político de la Escuela de Periodismo Carlos Septién García. Becaria del programa Jóvenes Creadores del Fonca (2017- 2018) y de la Fundación para las Letras Mexicanas (2014-2015). Obtuvo el Premio Nacional de Poesía Tijuana 2018. Es autora de los libros *Perras* (FCE/FETA, 2019), *La arista que no se toca* (IMAC, 2019), *Una jacaranda en medio del patio* (Instituto Sinaloense de Cultura, 2018) y *Cosas comunes* (Simiente, 2019; Ediciones Liliputienses, 2020).

INSTRUCCIONES MATERNAS

Mi madre dice que mujeres como yo
sin traza para labores hogareñas
nunca encontrarán marido
con corbata y mancuernillas.
Varias veces me ha dictado
instrucciones de cómo preparar atún a la vizcaína,
cómo quitarle el sarro al inodoro,
también me recuerda
que levante mi cabello después de la ducha.
Una y otra vez, insiste en hacerme a su forma;
soy el molde en el que amasa sus virtudes.
Pero yo demoro el proceso,
dejo secar las pequeñas plantas
que compro para adornar mi departamento,
recojo un mes después los abrigos que dejo en la tintorería,
pago el gas en días extemporáneos
y pocas veces como ensalada.
Porque es muy probable que no tenga un marido
que acuda con puntualidad
a las liturgias del domingo.
Porque las mujeres como yo se casan con sombras
y polvo que se consuela entre los libros,
porque no sé tejer bufandas,
ni rebanar pimientos
y hasta hace un día, aprendí a usar la lavadora.

REGLAS DEL JUEGO

El dolor acecha lo que toco y lo que miro.
La impotencia de trabajar el doble
por la misma paga.

No voy a pedirles que pronuncien
este dolor que me corresponde.
No me conocen,
estas palabras no son las suyas.
¿Van a pedirme que haga de esto,
un poema?
No, esta historia no.

Diría "no se me dio la gana",
o empezaría afirmando "yo nací un día que Dios
estuvo enfermo",
Disculpándome por llegar tarde
a las palabras.
Pero estoy cansada de disculpas,
de complacencias.

Sé que no será suficiente.

Soy ese punto
de la arista que no se toca.
Esto no es un poema.

CÉSAR
CAÑEDO

Sinaloa, 1988

Foto | Israel Gutiérreza

Poeta y profesor. Fundador y Coordinador del Seminario Interdisciplinario de Estudios Cuir, UNAM. Es Doctor en Letras por la UNAM. Profesor de Tiempo Completo en el área de Literatura del Centro de Enseñanza para Extranjeros, UNAM. También es profesor en la Facultad de Filosofía y Letras de la misma institución. Miembro del Sistema Nacional de Investigadores. Premio Bellas Artes de Poesía Aguascalientes 2019 por su poemario *Sigo escondiéndome detrás de mis ojos*. Premio Nacional de Poesía Joven Francisco Cervantes Vidal 2017, con su poemario *Loca*. Becario del programa Jóvenes Creadores del Fonca (2018-2019).

Cuando estoy muy alegre compro fruta
porque es mi manera de despertarme menos solo.
La escojo con detalle y pienso
en la deliciosa golosina que son las uvas
y en lo bien que se llevan con las tardes sin lluvia.
En las vidas enganchadas de los plátanos
y en las escondidillas que juegan las semillas de sandía.
Disfruto esa función
de adorno vivo que pueden tener en ciertas mesas,
esa función de fiesta en serio,
de familia reunida que son las frutas,
porque es difícil comprar una fruta sola,
pensarla sola,
dejarla ennegrecer.

Encontré un gancho de ropa algo torcido,
terminé de doblarlo, de ponerle fin a su vida de gancho,
a toda su vida útil.
Me deshice rápido del cadáver
y me sentí como ese niño
que desplumaba pájaros
y azotaba ardillas contra el piso en las horas de la tarde sin adultos.
Confundido
como también confundido
era ese amor —ardilla azotada— con el que mis padres me amaban
cuando la tarde era ofensivamente adulta.
Quién soy yo para decidir por el gancho, irónicamente me pregunto.
Quién fue ese niño para obligar a los pájaros a que renunciaran
lastimosamente a su altura
y que de las ardillas brotara la sangre para dejar de ser ardillas,
sangre
para que el niño dejara de ser niño.
Salvaje es la vida humana cuando decide destruir lo que a sus ojos
    no funciona,
cuando aprende a ser adulto en otros.

TANIA
CARRERA

Ciudad de México, 1988

Fue becaria de la Fundación para las Letras Mexicanas, del Fonca y del FOECA. Ha publicado los poemarios *Espejos* (Editorial Gato Negro, 2013) y *Un dios lubricante* (www.undioslubricante.com, 2015; Fondo Editorial del Estado de Morelos, 2018).

ADELANTÁNDOME A LOS HECHOS

Tu tierra está muy apretada para que esta lengua rasque en ella hasta encontrar. Ya han pasado tres días y ninguna roca se ha levantado, nada rueda, ningún resplandor verde ha encontrado nuestra vista.

La barbilla y el pecho cicatrizan una estructura. La araña teje a placer una fina tela que los mantiene unidos. Nada de lo que dijimos venía del corazón. Sólo este silencio, sentir el lento latir del pecho con la barbilla. Como las vacas, pastamos la muerte con la mirada en el suelo.

Dientes negros. Debí lavarlos por lo menos una vez al día. Pero limpiar esa pequeña tregua parecía en vano. Quise sentir tu cuerpo pegado a mis muelas, escarbando. Pasar la lengua y sentirte recostado en el palacio de mi boca. Masticar y escucharte cantando en la bóveda, seguro, cuidándome mientras yo te cuidaba.

Ahora nadie pregunta, porque antes gastaron su carne en quien tenía sólo palabras muertas, copias de palabras que copiaron otras lenguas. Cuidé eso tan apagado en todos, un último carbón ardiente que me quedaba de la infancia. Hoy, el estuco de tu cuerpo fija mi lengua al paladar, porque he mentido. He mentido.

Estás pegado a mi espejo (tan literal) del mundo. Cuelgo de ti. Las palabras, que vendrían del tórax en donde te guardé amorosamente, aunque no salgan, regresan. Estoy aquí, como tú, sola en los arenales. El aire construye pequeñas fisuras en el cristal de los ojos de los muertos.

PADRE

Al final de la calle,
crece el árbol amarillo.
Como ecos del tronco,
las raíces brotan de sus ramas:
son líneas de sol,
cuerdas desde el cielo.

Sus hijos lo habitamos amorosamente,
en nosotros pájaro y simio y flor se reconcilian.
Trepamos por las ramas
y luego, como frutos, caemos,
inmaduros,
audaces;
caemos
y volvemos a subir,
como semillas que germinan en la luz.

El amate es un papalote:
Grita uno de nosotros
y los nacidos de su sombra
tomamos con fuerza las raíces.
Unos se asen a la tierra,
se hunden en la madre del árbol.
Otros se mecen, chocan,
trenzan las tardes como lianas.
Todos amarramos, tal vez,
un vuelo de catástrofe.

VALERIA
GUZMÁN PÉREZ

Ecuador, 1989

Poeta, traductora y lexicógrafa. Trabaja para la Academia Mexicana de la Lengua y para la Academia Ecuatoriana de la Lengua. La Casa de la Cultura Ecuatoriana publicó su libro *Efusiva penitente* en 2010. Obtuvo el Premio Filosofía y Letras de la Benemérita Universidad Autónoma de Puebla en 2009 con su poemario *Constelada*. En 2018 fue acreedora de los Fondos concursables del Ministerio de Cultura por su poemario *Piel Verbal*. Obtuvo el Premio Nacional de Poesía Tijuana 2019 con su libro *Ofidias*.

SEMBRÉ UN almendro
para colgarme
lo sembré

por su veneno

sembré su linde
de río amargo

sembré un almendro
para amarrarme
lo sembré

por prender fuego
sembré su sombra

a muerte

La ofidia es toda cuerpo:
pura piel y tacto.

La ofidia emite designios
si enrosca en caos las palabras.

La ofidia es una multiplicidad de sí:
pitonisas, sibilias, erinias o medusas.

La ofidia antepone la sutil seducción
a la fuerza de mandíbulas y dientes.

La ofidia retoza en el goce
de sus conexiones subterráneas.

La ofidia intuye que algo desean
que no han podido ni podrán arrebatarle.

La ofidia sabe de simulacros:
se viste de pieles, se rinde, se somete.

Pero temible fingidora,
la ofidia solo satisface a la serpiente que la habita.

ALEIDA BELEM
SALAZAR

Coahuila, 1989

Poeta, editora, creadora de contenido y feminista. Es autora del poemario *Miedo cerval* (89plus y LUMA Foundation, 2014). Fue becaria del PECDA en la categoría Jovenes Creadores (2016-2017, 2013-2014) y de Los signos en rotación Festival Interfaz-Mty 2014. Creó el sello editorial independiente Stillness & Blood Press, dedicado a la publicación de libros de poesía e ilustración de autores jóvenes y contemporáneos. Su obra ha sido publicada en distintos proyectos y revistas nacionales e internacionales, algunos como *Círculo de Poesía, Armas y Letras, Ménades/Keroxen14* y en la antología *Los reyes subterráneos. Veinte jóvenes poetas de México* (La Bella Varsovia, 2015); también ha sido parcialmente traducida al inglés.

BREVE REPASO DE LOS ACONTECIMIENTOS

uno:

ellos preguntan

qué tomó

ellos dicen

abrirá los ojos en unas horas

hay una madre que se pregunta por qué

en singular

ya no es ellos

hay una madre que se culpa

en singular

hay una hija en una camilla y una madre que siempre va a preguntarse por qué

dos:

alguien dice que sólo será el sueño

alguien comprueba que el cuerpo respira

alguien está durmiendo y no sabe lo que pasa

sólo escucha el espasmo de las voces

sólo sabe de sí misma

sólo quiere que los demás se callen para seguir olvidándose en su
    propio sueño inducido

alguien va a despertar y querrá cortarse la cabeza

querrá volver a dormir

tres:

todo va a estar bien

quizá después una madre que se pregunta va a culparse y a culparla
    por un tiempo

pero todo va a estar bien

quizás después una hija va a empeñarse en repetir la historia y va a
    culpar a la madre

pero todo va a estar bien

quizás una madre y una hija querrán amputarse para siempre el
    cordón umbilical que

las une

pero todo va a estar bien

una madre y una hija separadas una madre y una hija van a nacer
    de nuevo

de la boca de una oveja

cuatro:

siempre se pregunta en singular

la pregunta colectiva está llena de la soledad de uno

se raja la pregunta en singular

una madre

una hija

siempre cosidas a la misma pregunta del alumbramiento

HIERBAS, RAMAS, PLUMAS

Cuántas veces no fui varias mujeres que ahora yacen inertes en el pico de un pájaro. Ahí morimos todas. Ahí se vuelve al origen. Ahí les he hecho su tumba. Bajo la cicatriz de la cesárea.

YOLANDA
SEGURA

Querétaro, 1989

Realizó estudios de maestría y doctorado en Letras (UNAM) y en el Seminario de Producción Fotográfica 2017 en el Centro de la Imagen. Actualmente estudia Guion Cinematográfico en el CCC. Ha publicado cuatro libros de poesía, entre ellos *O reguero de hormigas* (FETA, 2016) y *Per/so/na* (Almadía, 2019). Obtuvo el Premio Nacional de Poesía Carmen Alardín 2018 y el Premio Nacional de Poesía Joven Francisco Cervantes 2017. Poemas suyos, artículos críticos y ensayos han aparecido en diversas revistas y antologías.

Después de cinco horas de haber ocurrido, los padres de una niña de diez años en California llamaron a la policía para reportar que su hija había recibido un disparo.

Los padres tardaron mucho en hacer el reporte, cuando su hija se despertó con un poco de dolor y ellos vieron su ropa interior manchada con sangre, pensaron.

La niña dormía en su casa de Hayward, cuando a eso de las dos de la mañana recibió en los glúteos la bala perdida de un tiroteo.

Al despertarse para ir a la escuela, dijo a sus padres que sentía algo de dolor y ellos la revisaron, cuando vieron sangre en su ropa interior, creyeron.

Por su parte la policía indica que debido a que las heridas de bala fueron (afortunadamente) muy pequeñas, casi imperceptibles, los padres pudieron.

NADIE
tiene rostro en los sueños
      nadie
          habla con su voz.

ÁNGEL
VARGAS

Foto | Tania Valdovinos

Guerrero, 1989

Estudió Lengua y Literaturas Hispánicas en la Facultad de Filosofía y Letras de la UNAM. Ha publicado *A pesar de la voz* (2016), *Límulo* (2016), *El viaje y lo doméstico* (2017), *Búnker* (2019) y *Antibiótica* (2019). Obtuvo el Premio Nacional de Poesía Joven Elías Nandino en 2019. Ha sido becario del programa Jóvenes Creadores del Fonca (2014-2015; 2019-2020) y de la Fundación para las Letras Mexicanas (2017-2019).

NO OLVIDO QUE LA CASA ESTÁ AQUÍ

                              como una piedra,
              que volver es mi forma de decir lo siento,
que nada se parece al perdón
como un vaso de agua o una muda de ropa
              para sentirnos limpios;
que la casa es un viaje
cuando el mundo se vuelve
tan pequeño y no puede mirarse;
cierro entonces la puerta
y en esta habitación se hace la luz primera de la infancia,
entra la memoria reclamando sus dones
y no tengo nada que ofrecerle
mas que esta incertidumbre
parecida al amor y al reconcilio.

EL PEZ QUE SE DA CUENTA

darse cuenta no es
abrir los ojos

es más
el estremecimiento,
la intemperie
cayendo
a la espina dorsal,
el deseo
atado
desde el párpado
a la primera luz

quién sabe si la muerte es un regreso
del que no somos parte,
quién sabe si hay regreso
hacia algún sitio

¿te acuerdas?
un par de vertebrados
discordantes
siendo complementarios,
pero nosotros no
en la sangre
contra ningún abismo

el cuerpo es una herida
que migra,
fisura por donde
recibimos
la conciencia

clausurados
para la comunión,
nos parecemos
al pez
guillotinado,
su cabeza
en bandeja
de la tarde

sabemos
el corazón no sirve
para bombear
peligros
o contagios,
existe una demora
en los reflejos
      el pez no quiere
      irse

se llama tempestad,
pero decimos

carne
por donde entra
el miedo
al levantar la red
nos queda solo el agua
    enloquecida
      en lo que sí da
      en lo que SIDA.

SER
LOO
GIO

DOSSIER

ODETH
OSORIO ORDUÑA

Puebla, 1988

Estudió Lingüística y Literatura Hispánica en la Benemérita Universidad Autónoma de Puebla, la Especialización en Literatura Mexicana del Siglo XX y la maestría en Literatura Mexicana Contemporánea en la Universidad Autónoma Metropolitana. Ha colaborado en las revistas *El Camaleón*, *Campos de Plumas*, *Norte/Sur* y en la revista de filosofía *Reflexiones Marginales*. Ganadora del Premio Nacional de Poesía Germán List Arzubide 2019.

EN MEMORIA DE SERGIO LOO
Odeth Osorio Orduña

I

La memoria poética trae a cuento la memoria del poeta, una marca del tiempo, evidencias, configuraciones y transformaciones que van quedando en el espacio entre la tinta y el papel de los tránsitos que la hacen un devenir de acontecimientos bruñidos por una voz lírica. En este sentido, la memoria poética se convierte en acción poética que teje con el poema el devenir de la memoria y que no es experiencia distinta del reencuentro de lo humano con lo humano; del cuerpo con el cuerpo y del poema con el lector. De estos tejidos están hechos los poemarios *Postales desde mi cabeza* y *Operación al cuerpo enfermo* de Sergio Loo (1982-2014).

II

Postales desde mi cabeza (2013) es el último poemario que Sergio Loo publicó en vida. En él se advierte una lectura fragmentaria, elipsis, instantáneas y una estructura que limita en las fronteras de la prosa. Fue gestado durante una estancia que el autor realizó en Barcelona como becario de uno de los programas Fonca-Conacyt y que isotópicamente va de las impresiones como "carne extranjera" en los espacios del adentro (yo) y del afuera (cuerpo), hasta las tensiones que éstas ejercen sobre el relato poético de la nomadía.

Cuando leemos a Sergio Loo no sólo estamos leyendo su poesía, sino también el hilo que conforma el cuerpo del poeta en el lenguaje, ese hilo que se aventura a "viajar hasta que el sonido de mi nombre sea otro su significado"[1] o hasta que "[l]a carne (células) (nervios) (polvo)" busquen regresar "a lo que antes señalaba cuando *yo decía*".[2] En *Postales desde mi cabeza* somos testigos del viaje de la memoria entre el ir y venir del recuerdo al porvenir, no del pasado al presente, que sujeta la construcción de las postales (poemas) a un ritmo que irrumpe y fragmenta la voz lírica, liberándola de las disquisiciones acerca de su posición en el texto:

> La distancia entra en mi carne (extranjera)
> (¿dónde
> está?) La distancia reconfigura mi carne que dice yo
> En la distancia de mí hasta la concepción de mí
> no hay carne[3]

La voz lírica (el cuerpo en el lenguaje) se encuentra en un estado de apertura tal que, desbordada de sí, sus límites se funden con el mundo, no es gratuito encontrar que a la «carne» (cuerpo, que en realidad es voz), se le llame «extranjera» y que ésta a su vez, cuando se intenta definirla (geobiológicamente) como extraña, termina por no ser carne sino el sonido de un nombre: *nosotros*. Esta dinámica es la que se mantiene a lo largo del poemario, haciendo del texto entero un "yo", uno distinto al que nombramos voz lírica; uno pensado como parte de los límites de la expresión poética entre el pasado y el presente, motivado por la acción poética de lo que el francés Henri Meschonnic llama «la historicidad del sujeto y del poema».[4]

---

[1] Sergio Loo, *Postales desde mi cabeza*, México, Universidad Autónoma de Nuevo León, 2013, p. 17.
[2] Ibídem, p. 25.
[3] Ídem.
[4] Henri Meschonnic, *La poética como crítica del sentido*, Buenos Aires, Marmol/Izquierdo Editores, 2007, pp. 147-48.

No una *historicidad* asociada a la historia, sino con su transformación, es decir, a la historicidad del lenguaje que consiste en ser su subjetivación y, por lo tanto, la inscripción de un sujeto (poema) en su historia a través del sentido; del ritmo. En suma, la historicidad del sujeto y del poema reflejan la organización continua del lenguaje por un sujeto que transforma las reglas del juego para expresar su travesía. La forma en que la voz establece su corporalidad como poema, su gestualidad en el significar de la palabra, es rompiendo las fronteras del presente constante en la poesía, echando mano de los tiempos pretéritos, especialmente del pretérito compuesto, para evitar, así, que el poema quede atrapado en el presente pura y llanamente enunciativo:

>	(no he desempacado todavía)
>	(al llegar saqué la cámara fotográfica y la reventé
>	contra el piso) (no rescaté la memoria) (pisoteé
>	la cámara hasta lograr los pedacitos de plástico)
>	(descargué toda la ira exacta de niñez de conchitas
>	de quedarme amarrado a la silla durante las tardes
>	hasta que regresara del trabajo mi madre)[5]

El relato poético, entonces, ya no está sujeto a ser una mera elección de signos u operaciones de la lengua, se convierte, ahora, en la actividad (memoria poética) de un hombre que realmente está hablando, haciendo que allí, el poema, sea necesario para atravesar el lenguaje y transformar la vida y que ésta a su vez sea atravesada para transformar el lenguaje.

---

[5] Sergio Loo, op. cit., p. 15.

III

Operación al cuerpo enfermo (2015) no es un libro sobre la enfermedad, sino de lo que la rodea, su cuerpo, su estética, su inscripción. Fue publicado póstumamente por la editorial Acapulco. Cuatro años antes Sergio Loo fue diagnosticado con un tumor cancerígeno en la pierna, ese mismo año se publicó su primera novela *House. Retratos desarmables*, que hace referencia al cuerpo en movimiento; un año después se editó *Guía Roji*, en el que la voz lírica se expresa como un cuerpo caminante. El cuerpo, entonces, fue una constante en su actividad poética, pero es *Operación al cuerpo enfermo* el poemario que posee mayor ritmo (vida), no tanto por el sonido del lenguaje, sino porque es el cuerpo (sujeto) el que se oye haciendo con el lenguaje la particular inscripción de su voz, su historicidad, en el poema.

El poemario se compone de ciento treinta y nueve relatos poéticos que comparten la forma aforística de la tradición heredada por Heráclito e Hipócrates. Cada uno va de la gnosis al síntoma tejiendo hilos entre sí. En el uso de esta forma del lenguaje –juego del sujeto (cuerpo)– el poema toma un ritmo subjetivo que hace que la voz pueda reconocerse como tal, pero por fuera de sí, a través de la extrañeza que la vuelve íntima y brutalmente real:

> El cuerpo de Pedro es una historia antropométrica. Su belleza no reside en los elementos, sino en la armoniosa proporción que mantiene un dedo con otro dedo con otro dedo con otro dedo con otro dedo hasta formar la mano y la otra mano y la otra m ano. Todos los antebrazos, los muslos, sus nalgas. El ritmo con que desplaza su musculatura, carnosidad llamada vida.[6]

---
[6] Sergio Loo, *Operación al cuerpo enfermo*, México, Acapulco, 2015, p. 8.

Este ritmo "desplaza[r] su musculatura" es la gran y única certeza con la que el sujeto cuenta y se convierte en el discurrir del relato poético (narrativa de la enfermedad, sus signos –internos y externos– su padecer y su materialidad en el cuerpo); pero el discurso no se limita al uso de los signos –de la lengua– sino que trastoca su sistema para manifestar la actividad de los sujetos (cuerpos) enfermos (patológica y socialmente) en y contra su historia:

> La realidad es la sucesión del lenguaje. Ejemplo: «Estoy enfermo, pero voy a sanar». Otro: «Cecilia estará conmigo», me asegura antes de besarme. Ésta es una típica oración performática, es decir, se realiza en tanto que se enuncia. Es decir, su compañía tan lingüística como mi enfermedad. Es decir: «Todo estará bien. Todo estará bien. Todo estará bien»[7]

El sentido –que es ritmo– está en el discurso, en el uso y la enunciación de la voz «estoy». Recurrir a la primera persona, poniéndola al límite, ante el padecimiento de la enfermedad –presagio, quizás de la muerte– es un intento que se corresponde con "la realidad" del tumor. La posición en el discurso de la forma límite del signo "Yo" refleja la actividad poética del sujeto que inscribe su "desdobla[miento]" hacia el "Tú".

En este sentido, a diferencia de *Postales desde mi cabeza*, pero siendo, a pesar de ello, una continuidad del desbordamiento del "Yo" (sujeto), *Operación al cuerpo enfermo* muestra la intervención de un "Tú" (cuerpo) que busca e interpela a otro "Yo" (voz) como si éste estuviese escondido en el lenguaje y quisiera escaparse de él, pero indefinidamente termina entrando a su juego, a través del ritmo, convirtiéndose así en una dialéctica de lo único del sujeto a lo social.

---

[7] Ibídem, p. 13.

Es decir, que va del yo al tú para desembocar en *nosotros:*

> Dibujo a Pedro en uno de los muros. Al que le da más luz. Pedro en escorzo mordiendo un durazno. Su traslación a la gráfica se desdobla, por no decir, se voltea contra mí; por culpa de la perspectiva parcial, deforme, que tengo de él, masa concreta. Mi trazo me delata. Mi trazo
> soy yo. El dibujo soy yo y es la figura de Pedro a la vez. Mezclados. Nuestras piernas y nuestros brazos se expanden en una nueva forma de hermafroditismo. Así nació el sol.[8]

Aquello que llamé dinámica en la lectura de *Postales desde mi cabeza,* aquí lo llamo «ritmo», porque es el hilo que teje y sujeta la voz y el poema a la escritura y ésta a su vez a la voz y al lenguaje, desembocando en la realización de lo que denominamos "necesidad interior", la memoria poética de la voz (el cuerpo en el lenguaje), la inscripción de un sujeto en su historia.

IV

En el corazón de lo poético nace un evento paradójico: al mismo tiempo que oculta revela, nos deja ver en carne y hueso al poema, pero también su desborde en el cuerpo y, sobre todo, en el lenguaje. Si la poesía es la ceniza que el poeta deja a su paso por la vida, entonces el poema es el cuerpo que arde dentro del acto creador y culmina con el acto de la lectura. Esto puede definirse como el ciclo de la creación poética; un ciclo que empieza antes de que los primeros versos sean escritos y continúa con las cenizas volando con el viento, viento formado por el sonido de la voz en la lectura. Dentro de este ciclo es que leo, escucho y siento la poesía de Sergio Loo.

---
[8] Ibídem, p. 10.

Postales desde mi cabeza y *Operación al cuerpo enfermo* son actos de creación y recreación del ciclo poético que define, por un lado, la vida y, por el otro, la poesía. Escribe Henri Meschonnic que en el acto de creación no sólo el poeta se subjetiva, sino que esa subjetividad se inserta en el orden de su propia historicidad.[9] El lenguaje es vida, memoria poética, y la vida se expresa en lenguaje para volver a nacer en el acto de la lectura.

Este primer número de *Nueva York Poetry Review* está dedicado a poetas nacidos en los años ochenta, poetas vivos de la misma generación que Sergio Loo, no obstante, la corporalidad de su lenguaje está suficientemente viva como para insistir en ser escuchada. Por ello, ofrecemos la siguiente muestra revelada por los murmullos y sonidos que la lírica del poeta mexicano dejó para oír el tránsito y voz de su cuerpo hablante.

Obras citadas

Henri Meschonnic, *La poética como crítica del sentido*, Buenos Aires, Marmol/Izquierdo Editores, 2007.

Sergio Loo, *Postales desde mi cabeza*, México, Universidad Autónoma de Nuevo León, 2013.

Sergio Loo, *Operación al cuerpo enfermo*, México, Acapulco, 2015.

---

[9] Henri Meschonnic, op. cit., p. 139.

SERGIO
LOO

Ciudad de México, 1982–2014

Poeta y narrador. Realizó una licenciatura en Literatura, una especialización en Literatura Mexicana y un master en Edición. Autor de *Sus brazos labios en mi boca rodando* (FETA, 2007), *House: retratos desarmables* (Zeta, 2011), *Guía Roji* (IVEC, 2012). De forma póstuma se publicaron *Operación al cuerpo enfermo* (Ediciones Acapulco, 2015), *Narvarte pesadilla* (Editorial MoHo, 2017), *Efecto Flash* (Laboratorio de Tecnologías El Rule, 2020) y *Máquina de habitar* (Laboratorio de Tecnologías El Rule, 2020).

V

POSTALES DESDE MI CABEZA

Tú dices viaje   Yo digo mi cabeza
adentro
de los dibujos de los libros que tantos años ha
Fotografías en una enciclopedia vieja que
veíamos asombrados cuando niños
La fachada de La Pedrera de Gaudí   un trozo de
muralla troceada como pan
El algún día que nos decíamos de niños
materializado en pasaporte   visa   tiket de
avión
Las fotografías de paisajes medievales que como
salidas de cuentos llenos de gárgolas
Desde allí estas letras que te envío

Aquí	Barcelona o mi voz
conectada a mis ojos y mis ojos a mis manos o
el blanco de la página desde donde ensamblas mi voz
y me escuchas a partir de signos	hermana
hermanita	el agua del mar
está helada (no la niñez de sol de recoger
conchitas rotas) (no la niñez exacta donde
anclamos las razones para querernos)
Te hablo de la playa porque no puedo decirte lo
que aquí está pasando
Te describo la playa con anagramas detallados
para que entiendas lo que no te puedo
decir (estoy leyendo el Infierno
de la Divina Comedia en una edición barata) (los turistas
caucásicos forman anagramas que no logro
traducir)

(AL LLEGAR saqué la cámara fotográfica y la reventé contra el piso) (no rescaté la memoria) (pisotee la cámara hasta lograr los pedacitos de plástico) (descargué toda la ira exacta de niñez de conchitas de quedarme amarrado a la silla durante las tardes hasta que regresara del trabajo mi madre) (de mis problemas con el tiempo florece un resentimiento contra la fotografía) (o no regresar) (o no regresar jamás) (o quedarme aquí es ningún lado) (o jamás volverlo a mencionar para que el pasado una vil mentira) (desanclar desmitificar el afecto) (aniquilar a la gente que quedó atrás) (cerrar las ventanas y quedarme dentro) (no decir los nombres de los muertos) (cerrar los ojos hasta olvidar cada nombre) (borrar mi nombre escrito en la playa de nuestra niñez ahora toda tuya) (las fotos de paisajes me conducen a experiencias ajenas/ reconfortantes/ de plástico) (decir de mi pasado un nuevo plástico) (decir de mí una playa artificial —llena de bosques de bondad— y ejecutarla) (fui feliz) (destruí la cámara como a la amenaza de un futuro álbum fotográfico) (no más recuerdos) (decir fui feliz y sonreír como una playa recién inventada) (abolir la construcción de un nuevo pasado) (enterrar nuestra niñez de conchas rotas destrozadas para siempre junto al cadáver de nuestro padre) (tuve que hacerlo) (enmarcada la foto de mi padre en un muro al que no pienso volver) (romper el marco o llegar aquí) (no regresar)

AQUÍ NO tengo que probar nada porque nadie distingue mi nombre
No hay historia tras mi nombre
Viajar hasta que el sonido de mi nombre sea otro su significado
Extirpar la identidad para injertar alegría
Señalo
no el paisaje   la distancia
muralla de tiempo que no podrás recorrer hasta aquí
Y te quedas del otro lado
Aquí no tengo que probar nada para ser nadie

El cuerpo es proporcionalmente más raza según
la geografía que habite
Y aquí "molan" los franceses   "molan"
los italianos   "molan" los alemanes
Los guiris no pero   si "es lo que hay" "no pasa
nada"
Y cuando amablemente me dicen "mi mejicanito"
no sé ya qué decir

O REGRESAR (la urbe) (ruinas
en el ruido) La disyuntiva de quedarse
atrás (adelante) para siempre
de mí (mi organismo afuera de mí)
La carne (células) (nervios) (polvo) busca
regresar
a lo que antes señalaba cuando *yo* decía
La distancia entra en mi carne (extranjera)
(¿dónde
está?) La distancia reconfigura mi carne que dice *yo*
En la distancia de mí hasta la concepción de mí
    no hay carne
(sólo yo para cerrar ventanas)

GRAN ANCLA he traído   Yo (tú) (quien quiera
que a estas alturas sea él) Nombre/ Edad/ Fecha
y lugar de nacimiento/ Raza (opcional)/
        Nacionalidad/ Estado civil/ (etc)
Y los detalles (qué bonito vuelves —escala 1/100
 o menos— vil maqueta
tu vida) ("detalles") que no distingo
si ciertos (ensambles mal pegados) (familia
a la rebaba del pegamento le nombras para
aglutinar las heridas) No sé
(no sabes) (no quieres
saber) si fundo (te entierras en) una falsa
nación (bajo la cama) para meterme bajo sus
faldones (fetal con frío) (cierra
los ojos y las ventanas) (tapia los ojos y las
 ventanas) Tengo raíces
en la lengua (mi padre) (pronuncia
mi padre y piensa sólo el concepto) (no su carro
azul) (no
su periódico bajo el brazo ni 27 sus lentes de pasta) (no
su entierro) (pasto verde en su tumba diciéndote
 adiós) Tengo
raíces en la lengua
Necesito (una severa poda) soltarme

Tengo un aeropuerto en mi cabeza que me visita la cabeza todas las noches desde hace un mes me trae a mi gente y mi gente se compadece de mí que no sé estar en otro lado Todas las noches en el aeropuerto de mi cabeza el recuerdo se me instala me dice que ya casi me va a soltar pero todavía no * Desperté del aeropuerto de mis sueños soñando a mi madre cayendo de una escalera eléctrica de un supermercado que jamás he visto Abrí los ojos para despertar en el negro cubo sin ventanas donde duermo mis pulmones corren agitados todavía adentro de la pesadilla A la noche siguiente desde el aeropuerto de mi cabeza visité a mi madre a su departamento blanco de un cuarto piso lleno de luz para burlarnos de mi sueño Ella se cepillaba una melena anaranjada flotante enorme y se reía *Qué sueños tan raros tienes*

Perlas de sol Estoy en la playa de la
Barceloneta
No tengo dónde apuntar así que escribo
(cincelo) en la cabeza
una página blanca una impresión
para calcar
llegando a casa

Pero como siempre sucede
las palabras se me van borrando en el camino

Ese cielo me hacía pensar muchas cosas

(un día
amaneces en el negro pero
ya estás acostumbrado)

(perdiste el viaje)
(sólo estás lejos)

VI
OPERACIÓN AL CUERPO ENFERMO

Lengua
«El sarcoma de Ewing es un tumor maligno de células redondas. Una enfermedad rara en la cual las células neoplásicas se ubican en el hueso o en tejidos blandos. Las áreas afectadas con más frecuencia son la pelvis, el fémur, el húmero y las costillas».

Occipital
El cuerpo de Pedro es una historia antropométrica. Su belleza no reside en los elementos, sino en armoniosa proporción que mantiene un dedo con otro dedo con otro dedo con otro dedo con otro dedo hasta formar la mano y la otra mano y la otra mano. Todos los antebrazos, los muslos, sus nalgas. El ritmo con que desplaza su musculatura, carnosidad llamada vida.

Nervio facial
Antropométrica la historia del cuerpo de Pedro. Sus proporciones, piel tibia entre mis brazos, ardua investigación sobre el cosmos. El peso, la gravedad y la distancia de los planetas, su concordancia matemática con la música y así, lo bello le trasfunde una geometría que lo rearticula mecánicamente en torno a la gravitación solar. Brilla. Por eso con el atardecer flota y su orina dorada orbita en la estancia como siete esferas, y yo lo contemplo desde el observatorio de mi quietud, que también va en torno a él. Mi deseo por él estalla lentamente en un oleaje tántrico que Cecilia, hoyo negro, chupa: es de noche.

Trapecio

Dibujo a Pedro en uno de los muros. Al que le da más luz. Pedro en escorzo mordiendo un durazno. Su traslación a la gráfica se desdobla, por no decir, se voltea contra mí; por culpa de la perspectiva parcial deforme, que tengo de él, masa concreta. Mi trazo me delata. Mi trazo soy yo. El dibujo soy yo y es la figura de Pedro a la vez. Mezclados. Nuestras piernas y nuestros brazos se expanden en una nueva forma de hermafroditismo. Así nació el sol.

Temporal

Pensaba que era un músculo. Pensaba que un músculo se puede desarrollar sin que implique un problema de salud. ¿No puede uno simplemente estar mal hecho? No, dice el doctor, mientras firma una nota ilegible en la que me envía al oncólogo.

Lóbulo superior

La realidad es la sucesión del lenguaje. Ejemplo: «Estoy enfermo, pero voy a sanar». Otro: «Cecilia estará conmigo», me asegura antes de besarme. Ésta es una típica oración performática, es decir, se realiza en tanto que se enuncia. Es decir, su compañía es tan lingüística como mi enfermedad. Es decir: «Todo estará bien. Todo estará bien. Todo estará bien».

Región Dorsal (Doce vértebras dorsales)

La historia de Pedro es la historia de la gente contra el cuerpo de Pedro. Un racimo de punzadas que atraviesa el cuerpo de Pedro desde varias perspectivas: alfiletero o mártir. Cultura: teoría amorfa que le han injertado meticulosamente desde niño o niña en cada poro de su piel morena, ojos negros, barba cerrada; en una acupuntura que ha devenido en ortopedia que ha devenido en fascismo: la legislatura rígida de lo que han definido como *naturaleza*. *Naturaleza:* lo que es y lo que no es *normal*. Ajustes perimétricos a su carne, diseccionándola múltiples veces y rearmándola según la multiplicación de una de sus piezas o por la división del todo: teorías estéticas, teorías de género, teorías políticas, teorías evolucionistas impuestas sobre sus órganos, líquidos, músculos y dientes. Le podaron en ángulos rectos. Le configuraron y reconfiguraron el sistema nervioso según políticas internacionales. Pero la elasticidad de sus huesos no podía más. Pero la capacidad de resanar de su cráneo no hubiese resistido otra investigación. Por eso lo traje conmigo. Por eso hubo que extraerle el cuerpo y traerlo aquí, al cuerpo.

Clavícula
Ésta es la historia de un sarcoma en mi pierna izquierda que casi me rompe el fémur. Ésta es la historia de cómo casi me tienen que mutilar una extremidad. Ésta es la historia de lo que pensaba hacer si me cortaban la pierna. Ésta es la historia de mi cuerpo desnudo siendo operado, abierto, anestesiado y zurcido para sanar. Ésta es la historia de todas las historias lindas que me contaría la gente una vez me hayan diagnosticado la amputación. Ésta es la historia de los días de recuperación, del tubo que drena la sangre sucia.

Tubérculos cuadrigéminos
Perdido en las habitaciones de tu propio cuerpo donde hay una remodelación insólita: las ventanas todas se han mudado a un solo costado y se abren de par en par, palpitantes, para mirarme a escondidas. Tú y yo en el comedor, Pedro. Te preparo carne con tierra. Comemos sin hacer comentario y tienes la sensación del brote de una mano fantasma que se alarga por debajo de la mesa para tocar mi pierna, mi bragueta. Ríes de nervios. Algo te falta y

tu dermis cree que yo te lo daré. Colorido, brillante, tu cuerpo un campo de girasoles que se retuerce para buscarme. Se te gira la columna vertebral cuando paso detrás de ti.

Mandíbula

Fue necesario para mi cuerpo retenerte. Pedro, fue necesario retenerte hasta convertirte en parte de mi cuerpo: tumor, un *te quiero* deformante, el pavor de tenerte cerca, creciendo, pasión dañosa, inestabilidad buscada; salir de la salud.

Pulmón derecho

Quiero a Pedro. Lo quiero y mi quererle me lleva a comerle y a vomitarle. A comerle de nuevo y volver el estómago. A tragarle completo, apropiármelo y expulsarle de mí hasta quedar hueco, débil, destruido. Atacarme engulléndole para vaciarme, buscar el vértigo donde confundido me funda con él, expulsarle hasta que de mí no quede nada y no puedan diferenciarme de lo que de él reste. Acabarme desde dentro, necesitarle, quererle, aniquilarme, comerle hasta destruirme y ser él. Lo quiero.

Cavidad orbitaria

Cuando digo: «Yo estoy aquí», hago que la voz hablante coincida con mi persona: me hace «persona» «hablante» «inserta» en un «marco» «espacio-temporal»: «aquí» y «ahora». Es decir, asumo este «entorno» como «presente». Ejemplo: «El sarcoma de segundo grado en la pierna izquierda ha invadido mi lenguaje, la visión de mí y de mi entorno». Es decir: lo que sucede, sucede en el lenguaje, me digo y cierro los ojos. Lo que «sucede» «es» «lenguaje», me digo y cierro los ojos. Cerrar los ojos a lo que sucede: el lenguaje oscuro de no parpadear.

Apéndice
Pedro, te quedaste a dormir conmigo y se provocó la enfermedad, el desequilibrio, la mutación de dos entidades en una sola: nosotros.

Tela coroides
Deja de decir *cuerpo*. Cuerpo, deja de decir.

Parietal izquierdo
Me llamo *cuerpo*: la contradicción entre lo que ves y desde donde hablo.

Gemelos izquierdos
Érase una vez un cuerpo: el mío. Él y yo: ensamblaje inserto en el contexto urbano, el aquí que se proyecta rumbo a tu cuerpo, Pedro, que también a ti te traga. Ensamblaje: concatenación: choque: hambre: ¿qué entiendes cuando te digo *te quiero*?

Gran oblicuo izquierdo
Reviso que esté bien hecho el nudo alrededor del cuello. Tiro el banco en el que estoy de pie. Quedo colgado de un tirón. Respiración interrumpida. Ojos saltados, desorbitados, adentro. Dolor en la tráquea. El cuerpo pesa, tensa demasiado. Duele. Duele. Arcadas. Duele. Pataleos. La respiración es imposible. La respiración es... es libre el lenguaje ahora.

www.ingramcontent.com/pod-product-compliance
Lightning Source LLC
Chambersburg PA
CBHW050551160426
43199CB00015B/2614